CW01649362

D… …PLECHIN,
…OURIO,
…GUEZ,
JEAN-MICHEL RIBES, OLIVIER ROLIN,
JEAN-MARIE ROUART

# Attention au départ !

Couverture de
Olivier Fontvieille

ÉDITIONS MILLE ET UNE NUITS

LA PETITE COLLECTION
n° 325

Textes intégraux et inédits

*Ouvrage réalisé à l'occasion de la Semaine du Transport Public 2000, organisée par le Comité de Promotion des Transports Publics.*

Notre adresse Internet : www.1001nuits. com

© Mille et une nuits, département de la Librairie Arthème Fayard,
– CPTP – Armania, mars 2001 pour la présente édition.
ISBN : 2-84205-561-6

# Sommaire

– Avant, le train
passait sous
la montagne
et maintenant,
il passe même
sous la mer !
– Nous, on a
le métro qui passe
sous le buffet,
alors…

*Jean-Marie Gourio*

# Attention au départ !

# Olivier Rolin

## Terminus

DANS LA NUIT,
SOUS LA LUNE,
LES RAILS BRILLENT,
C'EST FACILE
POUR UN TRAIN,
D'ALLER DROIT.

*JEAN-MARIE GOURIO*

Voici comment les choses se sont passées. Je sais que cela peut paraître invraisemblable, mais ce fut ainsi. Je n'y peux rien, non, vraiment rien. J'ai connu Judith à la gare Montparnasse. Je revenais de Rennes où j'étais allé… peu importe. Parler d'un de mes livres devant un public clairsemé, comme on dit. Le public est toujours clairsemé, c'est un lieu commun, presque une redondance, néanmoins j'avais coutume d'accepter ce genre d'invitation parce que j'espérais toujours que, parmi la douzaine d'huîtres bâillant devant moi, il y aurait la femme de ma vie. Chacun ses bêtises, n'est-ce pas ? Ma femme (celle d'avant) m'avait quitté, j'étais triste. À Rennes, dans la librairie, un quarteron de vieilles dames et les vendeurs qu'on avait assis sur des chaises, pour faire nombre. Charmantes, elles, ennuyés, eux. Puis on m'avait fourré dans le train, et allons-y, en voiture, la nuit, la pluie, personne pour m'attendre. Encore une journée à jeter à la poubelle. Tout le monde descend, au bout du quai, dans la petite foule des gens qui guettaient un voyageur, il y avait cette jeune femme qui me plut tout de suite. Mais alors, instantanément.

Je restai là mine de rien à traînasser, cœur battant, cigarettes. Elle attendait et personne ne venait. Sauf moi, à la fin. Les billevesées que je lui ai bredouillées, je m'en souviens encore, mais je ne les répéterai pas. Elle, très calme, m'accueillant presque comme si elle m'espérait. Elle était venue chercher son frère, il avait dû rater son train. Aucune inquiétude. On est allés boire un verre, il pleuvait, et puis on a vécu ensemble. Ça allait de soi.

Six mois plus tard, je revenais de Lyon, et j'étais joyeux. À la bibliothèque où je parlais, j'avais remarqué dans l'assistance une fille plutôt jolie, et je n'avais même pas cherché à obtenir son adresse sous le prétexte cousu de fil blanc de lui envoyer un livre. J'avais envie d'être fidèle. Je me préparais à un été radieux. La météo annonçait un anticyclone durable. On était au mois de juin, l'interminable crépuscule faisait briller l'eau des rivières, pommelait des feuillages excessifs. Des paquets d'ombre bleue dans les creux, de longues plumes pourpres au ciel. Les vaches semblaient toutes des veaux d'or. Assis au wagon-bar, sirotant un whisky (un seul), je contemplais toute cette beauté, cette lumière au-dehors et en dedans de moi, avec une sérénité d'idiot. Le bonheur est là, mon bonhomme. Ce genre de rumination béate. Judith m'attendait à la gare de Lyon. J'avais retenu une table au *Train Bleu*. On allait dîner en amoureux, sous des Rivieras peintes. L'avenir serait une Côte d'Azur. Tout ça. Naturellement, elle n'était pas là. Cent pas, mille pas au bout du

UNE FOIS,
JE PRENDS LE TRAIN,
VOUS ME CROIREZ
SI VOUS VOULEZ,
IL Y AVAIT
UN MOINEAU
DANS LE COULOIR !
– UN JOUR,
LES OISEAUX
PRENDRONT L'AVION,
VOUS VERREZ…

*JEAN-MARIE GOURIO*

quai, cigarettes, et cette peur affreuse qui m'envahissait avec l'appel des haut-parleurs. C'était une femme imprévisible, peut-être était-elle déjà au *Train Bleu* ? Se poudrant le nez avec des bulles de champ' ? Elle n'était pas au courant, c'était une surprise, mais elle avait des intuitions si incompréhensibles... Je montai les escaliers, slalomai entre argenterie et nœuds pap', personne n'était venu ? Non, Monsieur, personne. Ah ! Je dévalai les escaliers, si elle venait d'arriver, en retard, si elle allait repartir... À la fin, je dus dîner seul, sous l'œil ironique des pingouins. Rentré chez moi (chez nous), je constatai l'évidence de son départ, toutes ses affaires disparues. Il y avait préméditation.

QUAND JE LIS
DANS LE TRAIN,
AU MOINS, ÇA ROULE,
PARCE QUE QUAND
JE LIS À LA MAISON,
JE REGARDE
PAR LA FENÊTRE ET
ÇA NE BOUGE PAS..

*JEAN-MARIE GOURIO*

Six mois passent encore, sans l'ombre d'une nouvelle. J'aurais pu chercher un peu, m'enquérir, j'avais quelques pistes, mais on a sa fierté. On a beau avoir sa fierté, on est quand même un idiot superstitieux. Un an juste après notre rencontre à la gare Montparnasse, je pris un billet aller et retour pour Rennes. Rien ne m'y appelait, cette fois, qu'un goût lamentable des commémorations. Je passai la journée à errer sous la pluie le long du canal qui traverse cette ville. Le vent y dessinait de grandes corolles grises. J'allai faire un tour à la librairie, d'où mes livres avaient disparu, où on ne me reconnut pas. Je déjeunai d'une andouillette. J'achetai du pain pour nourrir les mouettes. J'allai au cimetière (j'y ai de la

– DANS LE TRAIN,
CE QUE J'ADORE,
C'EST LE BRUIT
DES ROUES.
– T'AS QU'À
EN METTRE
SUR TA VOITURE !

*JEAN-MARIE GOURIO*

famille). Enfin, vous voyez le genre. Le soir venu, je repris le train. Le même, il va sans dire, qu'un an auparavant. Je vous épargne le récit des louches émotions auxquelles je cédai en voyant filer, derrière les vitres mouillées, des paysages nocturnes qui semblaient n'avoir pas beaucoup changé. À Montparnasse, vingt-deux heures vingt, elle était là, naturellement. Je n'en fus pas autrement surpris, ma crédulité s'était nourrie de cette imagination.

– LA PREMIÈRE FOIS QUE J'AI PRIS LE TRAIN, J'AVAIS CINQ ANS, ON ALLAIT À LA MER, DES GENS CASSAIENT LA CROÛTE DANS LE WAGON, ÇA SENTAIT L'ŒUF.
– AH BON ? VOUS AUSSI ?

*JEAN-MARIE GOURIO*

Je me jetai sur elle, la serrai convulsivement dans mes bras, m'autorisai la faiblesse de quelques larmes. Quelle belle idée elle avait eue. Laquelle, d'ailleurs, me demandais-je vaguement, puis avec une croissante insistance, tout en me livrant à ces démonstrations ? Ne m'avait-elle pas abandonné, six mois auparavant, que pour laisser au hasard, à mon fétichisme des dates, le soin de nous réunir ? Était-ce une épreuve magnifique et cruelle qu'elle m'avait (qu'elle nous avait) imposée ? Ou bien avait-elle simplement regretté de m'avoir quitté, appris je ne sais comment, ou deviné, que ce jour-là je revenais de Rennes, et inventé cette mise en scène ? À mesure que ces réflexions s'enchaînaient en moi, je desserrais mon étreinte : la réflexion ne fait pas bon ménage avec l'étreinte. Et je sentais aussi en elle quelque chose, comment dire ? de relâché, de lointain. C'était, je l'ai dit, une femme imprévisible. « Comment savais-tu que tu me trouverais ici ? », lui demandai-je à la fin (séparés l'un de l'autre, désormais, par le pont de nos bras). « C'est que... », balbutiait-elle. Mais non, elle ne balbutiait plus, elle avait repris son

QUAND ON EST ASSIS DANS LE SENS CONTRAIRE DE LA MARCHE, ON S'ÉLOIGNE DE CE QU'ON A DANS LE DOS… NON ?

*Jean-Marie Gourio*

beau masque impavide, ce visage où se mêlaient une faiblesse et une force si également effrayantes. « Ce n'est pas toi que j'attendais. » Eh bien voilà, c'était tout simple. Ce n'était pas moi qu'elle attendait, mais le type pour qui elle m'avait quitté, et cet imbécile avait raté son train. « Je suis sûr que c'est un flan », lui dis-je. « Tu n'as pas complètement tort », me répondit-elle tranquillement. J'aimais autant. C'est ainsi que nous sommes allés boire un verre et que, de fil en aiguille, on a recommencé à vivre ensemble. Ça devenait une habitude.

Récemment, pour lui être agréable, je lui ai demandé des nouvelles de son frère. « Quel frère ? » m'a-t-elle répliqué, étourdie. Je lui ai rappelé les circonstances de notre première rencontre. Non, j'avais rêvé, c'était un ami, un ami d'enfance. Presque un frère, oui, si l'on veut, mais tout de même pas ce qu'on appelle un frère. Pâtés de sable tous les deux, sur la plage de La Baule, balades à vélo, glaces à la fraise, etc. Un flot d'anecdotes, de détails. Ce n'est pas son habitude. Je ne suis peut-être pas très malin, mais je commence à me poser des questions. Le frère, l'ami d'enfance, mon rival insuffisamment ponctuel, tous ces types existent-ils ? De là à me demander si… Non, du calme, bien sûr que j'existe, puisque je m'interroge. Mais que suis-je pour elle ? Un horaire de chemin de fer ? Le numéro d'un train express ? Un bagage à la consigne ? Les gens raisonnables, je le sais, ont un mot pour qualifier ce genre de question : oiseuse. Néanmoins, je gamberge. Il m'est arrivé de fouiller son sac, même de la suivre. Lorsque je lui ai demandé si l'ami

LES VACHES
REGARDENT PASSER
LES TRAINS,
C'EST LES VACHES
FOLLES QUI VEULENT
MONTER DEDANS.

*JEAN-MARIE GOURIO*

d'enfance et le rival n'étaient pas, par hasard, une seule et même personne, ou bien si, sans que je m'en souvienne, nous avions fait des châteaux de sable ensemble, elle et moi, elle m'a répondu que je cherchais midi à quatorze heures. Nous étions l'un avec l'autre à présent, qu'avais-je besoin de nous tourmenter ? Une idée m'est venue, qui semble absurde, je le reconnais : si j'étais mon propre rival, la tête de flan ? Je lui en ai fait part. « Tu dérailles », m'a-t-elle dit. Plaisanterie facile. Peut-être n'aime-t-elle que l'imprévu des quais de gare ? Peut-être les hommes se divisent-ils pour elle en deux catégories, ceux qui ratent le train et ceux que personne n'attend au terminus ? Toutes ces spéculations deviennent obsédantes. Notre amour (mon amour ?) en est assombri. Si, un jour, je préfère qu'elle me quitte, je sais que cela ne me coûtera qu'un billet aller et retour.

– TROIS HEURES
POUR VENIR
TRAVAILLER À CAUSE
DES GRÈVES !
TROIS HEURES !
JE SUIS PARTIE
À CINQ HEURES CE
MATIN POUR ARRIVER
À NEUF HEURES !
– AU MOINS,
VOUS ÊTES ARRIVÉE
AU TRAVAIL.
– REMARQUEZ,
PERSONNE TRAVAILLE,
ON FAIT QUE PARLER
DES TRANSPORTS,
ON EST ARRIVÉS
JUSQU'AU TRAVAIL,
C'EST DÉJÀ BIEN,
ON VA PAS NON PLUS
NOUS DEMANDER
DE TRAVAILLER !

JEAN-MARIE GOURIO

# Métrospective

## Irène Frain

> EN ANGLETERRE, C'EST SURTOUT QUAND ELLES VOIENT UN TRAIN PLONGER SOUS LA MANCHE QUE LES VACHES DEVIENNENT FOLLES.
>
> *JEAN-MICHEL RIBES*

Dans cette histoire, on peut pas entièrement incriminer le métro. C'est vrai, il a joué son rôle ; et son rôle, c'est d'être toujours là. En dehors des pannes et des jours de grève, évidemment. La vie peut aller, venir ; lui, il débite toujours ses rames. Indifférent, comme le monde. C'est d'ailleurs un monde, le métro ; et un monde, c'est toujours là.

Donc, si c'est arrivé, c'est d'abord parce que tous les deux, ils menaient une vie d'horloge : la plupart des gens attrapent leur rame à la volée. Mais justement, pas eux. Des maniaques du chronométrage, Marco et Sandra. Et de la place qu'ils occupaient sur le quai – au centimètre près.

Pour le reste, ils étaient comme les autres : dès qu'ils arrivaient sous terre, ils se fondaient dans le décor, bien verrouillés dans leurs pensées ; à l'abri de leur petite vie.

Ce train-train qui, ponctuellement, entre six heures trente et six heures trente-cinq, chaque matin, les conduisait à se poster au centre exact d'un quai, métro Duroc. Marco arrivait d'un pas tranquille, mais strictement mesuré, par le couloir qui reliait la ligne

Saint-Denis-Châtillon à Boulogne-Gare d'Austerlitz. Elle, Sandra, dévalait une série d'escaliers ; avant de sauter dans la rame qui se dirigeait dans l'autre sens, Austerlitz ; elle était aide-soignante à la Salpêtrière.
Lui, il était veilleur de nuit ; il revenait de son travail, une galerie marchande aux Champs-Élysées. À ce moment-là, entre le monde et lui, il y avait toujours comme un rempart d'étoupe. Sa vigilance retombait ; en dehors de sa passion chronométrique, il se laissait aller. Il avait trouvé un nom pour cet état : il l'appelait « le boomerang de la nuit ». Voilà pourquoi, même s'il se postait, par le seul effet du hasard, juste en face de Sandra, qui faisait de même, il ne l'a pas remarquée, durant des mois.
Elle non plus. Donc, il y a eu toute une période où Sandra et Marco se sont figés, l'un en face de l'autre, sans rien attendre du quai d'en face. Et tout, du fond du boyau d'où, sur le coup de six heures trente-cinq, avec un intervalle de vingt secondes, surgissaient leurs rames.
Ont-ils seulement noté qu'elles se croisaient ? Dans le métro, le matin, sur le coup de six heures et demie, on n'a pas la tête à remarquer grand-chose, surtout quand on s'en va, mal réveillé, retrouver des chambres

LE TRAIN TRANSPORTE DES PASSAGERS QUI EUX-MÊMES PEUVENT TRANSPORTER UN DÉBUT D'ANGINE, DE MAUVAISES INTENTIONS, DU VAGUE À L'ÂME, UN TIC À L'ŒIL, UNE ODEUR D'EAU DE COLOGNE, UN CARACTÈRE DE CHIEN, UN ENNUI GASTRIQUE, UNE FOLLE ENVIE DE SA VOISINE, UN CHEVEU SUR LA LANGUE, UNE SUFFISANCE EXTRÊME, UN CAILLOU DANS SA CHAUSSURE OU DANS SON REIN, ET TOUT ÇA SANS SUPPLÉMENT ! ON NE PEUT PAS DIRE QUE LE TRAIN SOIT CHER EN FRANCE. FRANCHEMENT ?

*JEAN-MICHEL RIBES*

où vous attend la douleur, ou qu'on ressort d'une nuit passée dans une cage de verre cuirassée contre la peur – transistor écran vidéo, berger allemand et, de loin en loin, une petite bière pour faire passer les heures. En fait, on se sent alors tellement vide qu'on ne voit rien autour de soi. C'est sans doute mieux : à ces heures-là, si on ouvrait les yeux, on se dirait que la vie n'est rien qu'une rame qui passe. Et qu'on reste sur le quai, pendant qu'elle s'en va.

Donc, métro Duroc, tous les jours, cinq jours sur sept, entre six heures trente et six heures trente-cinq ; avec ces deux-là qui se font face, séparés par le néant de la fosse, le vide des semaines et des mois. Ces deux-là qui ne se voient pas.

Et puis voilà, le 5 mai, six heures trente-cinq, le métro qui n'arrive pas. Six heures quarante, six heures quarante-trois, pas une seule rame, le tunnel ne crache rien. Chacun sur leur quai, ils piaffent en silence, Marco et Sandra. Mais rien à faire, six heures quarante-sept, toujours aucune rame, ni dans un sens, ni dans l'autre. Évidemment, côté RATP, pas la moindre annonce. Sur le quai, on se dévisage. Puis on se parle. On trépigne, on peste, à deux, à trois. Mais pas Marco, pas Sandra.

Car de l'autre côté du quai, Marco a vu Sandra ; et Sandra, qui a vu qu'il l'a vue, voudrait disparaître trois pieds sous terre. Ou s'enfuir. En tout cas, ne plus être là.

C'est ce qu'elle aurait fait, d'ailleurs, si le métro, enfin, n'avait déboulé. Elle a sursauté : elle n'avait même pas entendu s'annoncer son fracas.

---

TRANSIT INTESTINAL, TRANSPORT AU CERVEAU, ARTÈRE BOUCHÉE, MANIFESTATION CARDIAQUE, MAUVAISE CIRCULATION… CE N'EST PAS UN DOCTEUR QU'IL NOUS FAUT, C'EST UN CAR DE FLICS.

*JEAN-MICHEL RIBES*

---

> POURQUOI N'Y A-T-IL PAS DE TRANSPORTS ACTEURS ALORS QU'IL Y A DES TRANSPORTS PUBLICS ?
>
> *JEAN-MICHEL RIBES*

Parce que le véritable incident, en fait, ce n'est pas la panne du métro, ce matin-là. C'est la vie au-dessus, juste avant. La vie dehors. Le ciel, le beau temps. Le vrai, à vous faire croire que la vie, jamais, ne sera plus la même. Que c'en est fini du pluvieux, du bouché, du gris, du froid.

Trois jours déjà qu'il dure, ce temps-là. Trois jours de ciel sans fin, chaque matin. Et le soleil, tout pareil, qui se laisse aller, qui ne se bile pas : pas un nuage de la journée, pas une menace d'orage. Alors en ce 5 mai, au moment de s'habiller, Sandra s'est dit : allez, aujourd'hui, moi aussi, je me repeins la vie en bleu, en joyeux. De la cantine, qui lui tient lieu de penderie, elle a extrait une grande jupe fleurie, de celles, bien larges, bien volantées, qu'on met l'été, le soir, pour aller dîner ou flâner le long des plages. De celles qui donnent envie de danser.

Pourquoi ça lui a pris ? Une lubie. Un caprice, comme les chaussures qu'elle a passées ce jour-là : des petites ballerines turquoise achetées aux puces, un dimanche d'ennui, et jamais portées depuis. Des vraies ballerines des années cinquante, du temps des Dauphine et des filles qui dansaient le mambo. Elles avaient dû en faire, des bals, ces chaussures : elles étaient tout usées sur les côtés. Mais si bleues, encore ; du beau temps au bout des pieds. Des chaussures à vous faire tout supporter, la poussière dans la chambre de bonne, l'escalier sinistre jusqu'à l'entrée de l'immeuble. Où Sandra découvre, une fois qu'elle l'a dégringolé, dans le grand miroir à cadre doré, son reflet. Elle se regarde alors de pied en cap puis se fige, comme un oiseau frappé en plein vol ; et elle murmure : « C'est trop. »

QUAND JE VOYAGE, ÉCRIVANT SUR DE PETITS CAHIERS, J'ÉVITE LES TRAINS GRANDES LIGNES.

*JEAN-MICHEL RIBES*

Et elle a raison : cette jupe, ces fleurs, ces ballerines, c'est trop pour l'hôpital ; trop surtout pour le métro. Seulement voilà : pas le temps de remonter se changer. Alors elle pense qu'arrivée au travail, vite fait, elle enfilera sa blouse ; et que sa jupe trop fleurie, trop dansante, personne ne la verra. Entre-temps, bien sûr, il y aura eu le métro.

Sandra regarde sa montre : non, vraiment pas le temps de se changer. C'est là qu'elle décide de tout quitter. Entre l'entrée de l'immeuble et le quai. Cinq minutes et demie, assez pour se dire qu'elle en a assez. Paris, l'hôpital, le métro, la chambre de bonne, elle va tout lâcher. Fin juin – ça aussi, c'est décidé. Le 30, exactement.

Et puis la rame n'est pas arrivée. Plus de soleil sous la voûte où Sandra, dans sa jupe à danser, attend le métro qui ne vient pas.

C'est long. C'est lourd. Impression qu'on la regarde. Que tout le monde la regarde. Il faudrait prendre le large, tout de suite, partir vivre dans l'instant sous le ciel qui va avec la jupe à fleurs et les ballerines légères. Mais pas possible, elle est prise dans la nasse. Piège du travail, du temps qui passe. Et maintenant, ce type qui la regarde, juste en face. Qui la dévisage. Paris, partout des malades. Un de plus. Celui-là, tout de même… Bon, il est de l'autre côté de la voie, il ne va pas sauter pour venir lui chercher des crasses. Mais c'est qu'il insiste… la jupe, évidemment… Mais qu'est-ce que c'est ce type ? Assez beau mec. Un dragueur, sûr. Qui commence à six heures du matin. Oui, un malade de la drague, faut pas chercher plus loin. Bon, elle a mis cette jupe-là, et alors ? Pas le droit ? Il va voir ce qu'il va voir. Puisqu'il s'acharne, elle aussi, elle va le fixer. Et à ce petit jeu, on va bien voir qui va gagner.

C'est Sandra qui a cédé ; et quand elle a eu les yeux baissés, elle a su que l'autre continuait à la regarder. C'était bizarre, ça lui faisait plaisir. Mais le métro est arrivé.

DANS L'AUTOBUS,
IL EST INTERDIT
DE PARLER AU
CONDUCTEUR,
SURTOUT QUAND
IL DORT.

*JEAN-MICHEL RIBES*

La suite de l'histoire, c'est Marco qui la raconte. Le lendemain, évidemment, toujours posté à la même heure et au même endroit sur son morceau de quai, il a cherché la fille à la jupe fleurie. Il n'a eu aucun mal à la trouver : elle était à la même place. « Je l'ai reconnue tout de suite, poursuit Marco, même si elle était maintenant en fringues genre rien-qui-tranche-rien-qui-dépasse. Mais j'étais content de la revoir. Ce qui m'a plu, c'est qu'elle soit là, exactement à la même heure, et au même endroit, en face de moi. J'ai trouvé que c'était un signe. Un bon signe. Mais je me suis dit aussi : attends de voir, mon loulou, c'est peut-être un peu jeune, attends de voir demain. Le lendemain, la fille était là. Six heures trente pétantes, tout comme moi. À trente-trois pile, son métro est arrivé de Boulogne ; et vingt secondes plus tard, mon métro à moi. J'ai alors calculé que j'avais trois minutes chaque matin pour tenter le diable. Trois minutes pour qu'elle voie que je m'intéressais à elle. Le reste, ça se ferait sur la distance. Je ne décrocherai pas. Et un jour ou l'autre, comme toutes les femmes, elle ferait le premier pas. »

L'AUTRE JOUR, DANS
UN TRANSPORT EN
COMMUN, J'AI VU
QUELQU'UN QUI NE
L'ÉTAIT PAS…
ÇA FAIT ENVIE.

*JEAN-MICHEL RIBES*

DANS L'AUTOBUS ON LIT, DANS L'AUTOCAR ON RÊVE, DANS L'AUTOBIOGRAPHIE ON RACONTE SA VIE

*JEAN-MICHEL RIBES*

Marco s'arrête. Ses yeux pétillent ; impossible de savoir si c'est la jouissance du passionné du chronomètre, ou celle de parler de Sandra. Puis il avale une gorgée de bière et enchaîne : « Il y a eu des matins où elle m'ignorait, surtout au début. D'autres où elle m'adressait un petit sourire en coin. Je pense même que certains jours, elle a dû arriver plus tôt, de peur de me rater ; mais ça, il faudrait lui demander. Des fois aussi où elle me fixait, elle aussi, de l'autre côté du quai. En tout cas, au bout d'un moment, ça m'a fait comme un but dans la vie, ce rendez-vous qui ne portait pas son nom. Dès que je me réveillais, l'après-midi, j'y pensais ; et toute la nuit pendant mes rondes. C'est bien simple : quand je rentrais, avant d'arriver sur le quai, j'étais réveillé comme si j'avais bu dix cafés. Plus de boomerang de la nuit, plus d'étoupe entre les choses et moi. Pourtant elle ne venait plus jamais avec sa jupe fleurie. Mais toujours pile à l'heure, ah çà ! Et puis, un matin, j'en ai eu marre .. »

Sandra l'interrompt. À partir de maintenant, c'est elle qui parle, comme si elle était seule capable d'expliquer ce qui est arrivé. Mais elle n'a pas l'air d'y voir très clair, elle s'empêtre ; et lorsqu'elle décrit la panique qui l'a saisie quand elle a vu Marco quitter le quai, elle bafouille : « Pire que le jour de la jupe à fleurs. Je me suis dit : maintenant, il va me parler. Répondre, parler... Comme ça, sur un quai... Et pour dire quoi ? J'ai pensé : non, pas de ça... »
Sandra s'interrompt, elle recommence à

CE QUI ME TRANSPORTE LE PLUS LOIN, C'EST LE PARFUM.

*JEAN-MICHEL RIBES*

bredouiller. Ce qui la reprend, à l'évidence, c'est l'émotion de ce matin-là. Alors elle abrège : « Moi aussi, j'ai filé. Je me suis dit : je ne vais pas au boulot, c'est aujourd'hui que je pars. J'ai couru vers la sortie. J'allais passer les portes, vous savez, celles qui se rabattent sur vous. C'est là qu'il m'a rattrapée. À cinq secondes près, c'était fichu. Parce que j'avais couru, couru. Mais lui, comme de son côté, il y avait un escalier mécanique… »

EN AMÉRIQUE, UN CONDAMNÉ À MORT GRACIÉ NE MONTE JAMAIS DANS UN TRAIN ÉLECTRIQUE.

JEAN-MICHEL RIBES

Sandra s'interrompt, sourit, désigne Marco, de l'autre côté de la table, à la terrasse du café. Puis leurs valises, derrière eux ; enfin la gare, en face. Et elle agite, en manière d'éventail, leurs deux tickets de train.
C'est vrai qu'il fait chaud : forcément, on est le 3 juillet. Elle a d'ailleurs remis sa jupe à fleurs, ses ballerines qui rendent la vie légère. Elle soupire d'aise, à plusieurs reprises, et finit par ajouter qu'ils s'en vont vers le sud, là où on peut danser le soir sur les plages. Puis elle conclut : « On a tout lâché. De toute façon, lui aussi, Marco, il en avait marre. »
Marco a l'air gêné, d'un seul coup. Il consulte sa montre, comme dans le métro : « Faut y aller, Sandra ! » Ils se lèvent du même geste, à la même seconde ; et arrêtent le même œil précis sur le cadran, au beffroi de la gare.
Derrière l'horloge, comme l'autre matin, le ciel s'ouvre. Sur quoi, cette fois ? Ils mourront peut-être très vieux, main dans la main. Ou se quitteront dans deux mois. De toute façon, qu'ils reviennent ou pas, le métro continuera. Rames qui se croisent, portes qui claquent, fosse au milieu, quais qui se taisent. Lui, le métro, du pareil au même : indifférent, ponctuel. Toujours là.

# Jean-Marie Rouart
## de l'Académie française

# L'écume injuste de la vie

MÊME LES MARTIENS NE COMPRENNENT PAS DU TOUT COMMENT IL MARCHE, LE VAL. ÉVIDEMMENT, IL MARCHE TOUT SEUL.

*SYLVIE JOLY*

Pour une fois, en amour, je décidai de me conduire correctement. J'avais derrière moi suffisamment de cadavres sur la conscience, je veux dire de ces souvenirs poisseux où l'on s'est comporté comme un goujat, voire un salaud, avec de chics filles ; que de fois on les a abusées, subornées et consommées sur place, oui comme un hamburger sur le comptoir, à la va-vite, à la va-comme-j'te-pousse, à la hussarde. Je laisse à un psychiatre le soin d'expliquer à quoi tient chez les mâles la frénésie lubrique pratiquée avec une hâte barbare comme si on était pressé d'en finir au plus vite. Mais cela, c'était du passé. Je voulais devenir meilleur. Tout arrive. J'aspirais à connaître les longs préludes de la galanterie, à m'avancer avec délicatesse dans les méandres de la carte du Tendre. Surtout ne rien brusquer, ne pas brûler les étapes. Attendre que la fleur s'épanouisse avant de la cueillir. Cette perspective m'enchantait. C'était rafraîchissant. Je baignais dans une mélodie séraphique ; je me sentais une âme d'ange toute neuve, qui me protégeait de moi-même, de ce diable à qui j'avais donné son congé.

Framboise avait dix-huit ans. Ce nom lui allait à merveille. Moelleuse, satinée, fragile, elle était délectable comme ce fruit qu'on prend avec précaution. Trente années nous séparaient. Elle me semblait pourtant si proche.

Heureusement l'amour ne s'embarrasse pas de l'état civil ; aucun passeport, aucun visa ne sont nécessaires pour franchir la frontière qui conduit à des lèvres aimées, et les jupes sont plus légères à soulever que les barrières douanières.

Donc cette irritante question de la différence d'âge n'avait aucune importance.

IL Y EN A QUI ONT
BESOIN DE PERSONNE
EN HARLEY
DAVIDSON.
LE VAL N'A BESOIN
DE PERSONNE ET MOI
LA NUIT JE RÊVE
QU'IL DÉCOLLE
(PAS QU'IL DÉCONNE
– NE ME FAITES
PAS DIRE CE QUE
JE N'AI PAS DIT).

*SYLVIE JOLY*

Pourquoi en parler alors ? Par souci d'honnêteté, une fois encore. Je veux me montrer aussi honnête avec le lecteur ou la lectrice que j'avais l'intention de l'être avec Framboise.

Je faisais durer le plaisir : promenades main dans la main dans le jardin du Luxembourg, chastes baisers sous la pluie devant la statue de Sainte-Beuve, conversations infinies devant un chocolat chaud, silences pendant lesquels je me noyais dans le bleu maritime de ses yeux, bouquets de fleurs, billets doux ; excursions nocturnes à bord de taxis dont les chauffeurs nous regardaient, dans le rétroviseur, avec des expressions torves, entre la lubricité et la haine. Je la raccompagnais au bas de sa porte. J'humais le parfum de ses cheveux tandis qu'elle abandonnait sa tête blonde sur le revers de mon imperméable. Comme ils sont doux ces commencements de l'amour ; comme ils sont fragiles. Un mot, un geste peuvent suffire à en briser la magie. On avance avec précaution.

> PAUL VALÉRY ET RUDOLPH VALENTINO AURAIENT CERTAINEMENT ADORÉ PRENDRE LE VAL, VALÉRY GISCARD D'ESTAING, LUI, LE PREND À TOUS LES COUPS.
>
> *SYLVIE JOLY*

Terrain miné. On manifeste une délicatesse d'autant plus précieuse qu'on sait qu'elle ne durera pas.

Me méfiant de moi-même – mon pire ennemi –, je m'étais interdit les situations à risques : je ne lui demandais pas de monter chez moi ; mes mains n'empruntaient aucun parcours illicite : elles évitaient prudemment son corsage et ne s'aventuraient jamais en dessous de sa ceinture. Impeccable, vous dis-je, j'étais impeccable. Je n'en revenais pas. Le jour, la nuit, je rêvais à Framboise. J'étais sur un nuage rose. Jamais je ne m'étais senti aussi bien. Je m'enivrais de cette belle image que je m'offrais enfin de moi-même. Finis la barbarie du dragueur sans foi ni loi, le froid machiavélisme du prédateur avide de chair fraîche, la rouerie de l'escroc aux sentiments. Comme c'est rassurant d'être pour une fois un type bien ! Comme on se regarde avec plaisir dans la glace !

Ces prolégomènes apparaissaient d'autant plus suaves qu'ils étaient appelés à avoir leur récompense. D'avance je savourais le bonheur que j'aurais à la prendre dans mes bras ; car chaque jour avivait mon désir et je sentais Framboise devenir plus tendre, plus amoureuse. Je dévorais l'avenir. J'imaginais cet instant où, dans un embrasement voluptueux, nous conclurions cette lente et fervente ascension l'un vers l'autre. Au déchaînement du plaisir s'ajouterait en prime cette lueur d'estime qui ne peut manquer de briller dans les yeux d'une jeune fille face à un amant qui a su se montrer si délicat et ô combien différent de ces petits machos mal élevés, aux appétits sauvages, qui ne songent qu'à tirer un coup.

Une occasion de conclure en beauté se présenta. Enfin ! Une invitation de rêve. On me conviait à une fête dans l'Orient-Express : Pullman, compartiments spacieux, boiseries, décorations de Mucha, un parfum de Mitteleuropa et de Paul Morand. J'imaginais l'éblouissement de ma jeune amie plongée sans transition de sa prépa à Sup-de-co dans le charme fané des années trente. C'était à l'anniversaire d'Hermine de Boissy Saint-Léger, ou de je ne sais quelle autre jeune pimbêche huppée, faussement excentrique et vraiment dévergondée, que je devais cette aubaine. Le train Pullman irait jusqu'à Courchevel. On danserait toute la nuit dans un wagon-salon. Il y aurait un orchestre. On dînerait aux chandelles. Ce qui m'intéressait plus que ce décor et cette ambiance de jeunes filles gâtées, de jeunes gommeux prétentieux, qui ne savent pas quoi faire pour jeter l'argent par les fenêtres, c'était la suite : ce qui se passerait dans le compartiment aux boiseries légendaires, dans la musique grinçante des boogies lorsque, délicieusement secoués par le rythme du ballast, nous atteindrions cet instant tant attendu, oui, quelque part entre Mâcon et Bourg-en-Bresse, tandis que le rapide de Dijon nous croiserait dans un boucan d'enfer : enfin aboli l'espace qui séparerait nos corps, Framboise et moi, nous nous rejoindrions sur cette couche roulante.

Cette scène d'amour, je pouvais déjà la décrire dans ses moindres détails. Framboise étreinte pendant la fête dansante ; le slow où l'on perd pied dans les virages ; puis soudain ce désir simultané de quitter la fête ; l'empressement de se retrouver seuls, de se retrancher du monde ; nous aurions regagné notre compartiment, en nous cognant

ALORS QUE LES CARS SONT SI JOLIS, ET LES ENFANTS AUSSI, POURQUOI DIT-ON RAMASSAGE SCOLAIRE, C'EST PAS JOLI.

*SYLVIE JOLY*

> AUJOURD'HUI, LE DORMEUR DU VAL S'ENDORT SUR SA BANQUETTE AU LIEU DE S'ENDORMIR DANS LES PÂQUERETTES.
>
> *SYLVIE JOLY*

aux parois, à travers un long couloir au tapis moelleux. Là, sous l'éclairage vert de la veilleuse, nous aurions regardé le paysage défiler, les arbres fauchés par la vitesse, quelques étoiles dans la nuit claire ; et nous, muets, dans ce silence qui précède toujours les actes graves. Comme cela nous serrerait la gorge à tous deux. Et dans le roulement des machines, des bruits de ferraille, soudain nus, je serais elle, elle serait moi, dans cet enchevêtrement de nos désirs, ne sachant plus à quel sexe nous appartenions. Nous ne serions plus que bouches, lèvres, langues. Épuisés, heureux d'avoir réalisé un rêve, nous contemplerions le paysage dans la nuit. À un arrêt, dans une gare fantomatique, Framboise, vêtue à la hâte de ma chemise de smoking, se livrerait à des pitreries, faisant mine d'appeler des voyageurs sur le quai, l'air égarés dans la nuit, les skis sur l'épaule. Je tenterais de l'en empêcher, et dans cette lutte nous retrouverions le lit aux draps rêches. Puis nous nous livrerions quelques-uns de ces secrets qui sont à la surface du cœur et qui ne demandent qu'à s'épanouir sur les lèvres. Et au matin, après le mauvais café instantané, les biscottes emmaillotées dans le papier de cellophane, le sourire complice du contrôleur moustachu, nous irions rejoindre les malheureux fêtards, protégés, immunisés par le souvenir de notre nuit. Rien, personne, ne pourrait nous atteindre. Désormais, à nous deux, nous formions une île, dans une île enchantée : l'amour. Comme cette nuit était mer-

> CERTAINS PRENNENT LE VAL AVEC LEUR PLANCHE À VOILE, ILS PENSENT QUE PARIS EST AU BORD DE LA MER, C'EST LA MAGIE DES TRANSPORTS.
>
> *SYLVIE JOLY*

veilleuse à rêver. Maintenant il ne restait plus qu'à la vivre.
Lorsque je lui proposai ce voyage, Framboise se montra enthousiaste. Elle ne manifesta que des restrictions d'ordre pratique.
« Il faudra que j'emprunte la combinaison de ski de ma mère. Je ne veux pas être ridicule en descendant la Saulire. »

S'IL Y A DES VACHES FOLLES, C'EST QUE LE TGV PASSE TROP VITE, ÇA LEUR CAFOUILLE LE CERVEAU.

*SYLVIE JOLY*

Elle m'embrassa. Voilà, comme c'était simple, comme l'amour est simple !
« À vendredi, lui dis-je. Surtout ne sois pas en retard. Je t'attendrai devant le compartiment. »
Elle haussa les épaules.
« Je ne suis plus une petite fille. Je sais que les trains n'attendent pas les retardataires. »
Je ne marchais pas dans la rue, je dansais. N'était-ce pas une drôle d'idée d'emmener une jeune fille dans un train pour un séjour galant : faire l'amour dans les transports en commun, cela a un petit air de partouze.
Le vendredi, à huit heures et demie, je l'attendis. À dire vrai, je poireautais déjà depuis une heure à la gare de Lyon. En fait, il me semblait que j'attendais depuis un mois, depuis le jour de ma rencontre avec Framboise.
J'avais les yeux rivés sur l'aiguille de la grosse horloge. J'éprouvais une angoisse. Je savais que j'avais tort de m'inquiéter. Mais on est toujours inquiet avant de connaître le bonheur. Les minutes passaient, les voyageurs me bousculaient. D'autres, plus importuns encore, voulaient engager la conversation.
« Je savais que vous seriez dans le train. Avez-vous lu le roman

de X ? C'est moins bon qu'on ne le dit, n'est-ce pas ? Toujours le copinage. Il n'y a plus de bons romans. D'ailleurs, je n'en lis plus depuis longtemps. Autrefois il y avait de grands romanciers. Pourquoi ont-ils disparu ? Est-ce à cause de la télévision, du cinéma ? Hein, qu'en pensez-vous ? »

Je l'aurais étranglé. Qu'on me foute la paix avec la littérature. Je me fichais bien de la décadence du roman. Je cherchais le visage de Framboise dans la foule. Tolstoï en personne m'aurait demandé la direction d'Astapovo que je l'aurais envoyé aux pelotes.

Je vis une jeune fille courir. Mon cœur battit. Hélas, ce n'était pas Framboise. Soudain, avec terreur, j'entendis qu'on annonçait le départ du train. Il ne restait plus que trois minutes. Puis deux, puis une. Puis l'espérance du bonheur se rétrécit à quelques secondes. Je montai sur le marchepied. Le quai était désert. Je sentis que quelque chose bougeait, c'était le train qui s'ébranlait. Hagard, je me raccrochais à l'idée folle qu'elle était dans le train, qu'elle allait me faire une surprise. Je voulais croire aux miracles comme tous les désespérés. Ce train, je le parcourus comme un fou. Framboise ne s'y trouvait pas.

> PLUS LES BUS RALLONGENT, PLUS LES TRAJETS SONT COURTS,
> ET EN PLUS ON PEUT LES RANGER EN LES PLIANT EN DEUX.
>
> *SYLVIE JOLY*

Bientôt il y eut le dîner aux chandelles. Je dînai seul en tête à tête avec mon désespoir. Celui-là n'avait pas raté le train. Toujours exact au rendez-vous. Je ne vous dirai pas quel était le menu. Je dévorais la nuit à travers la vitre, essayant de percer le mystère de mon malheur. Puis il y eut la soirée dansante. Franchement, est-ce que j'avais le cœur à me trémousser ?

Je gagnai mon compartiment : il était tel que je l'avais imaginé, luxueux, légendaire à souhait.
Je me glissai dans les draps. J'avais baissé la glace ; le vent qui s'engouffrait dans le compartiment faisait battre le rideau. Pourquoi n'était-elle pas venue ? J'interrogeais le vent, la nuit, les étoiles, chaque gare que je traversais, je faillis même le demander au contrôleur de billets qui était moustachu comme je l'avais imaginé. J'avais la gorge nouée, des larmes dans les yeux. Peu à peu l'amour que j'avais dans le cœur tournait à l'aigre. Je lui en voulais, je me reprochais ma niaiserie. Et puis, je sentis jaillir jusqu'à mes lèvres une expression haineuse, vulgaire (les hommes dont on vient d'humilier l'amour propre sexuel font rarement preuve de mansuétude). Je m'exclamai en frappant du poing sur ma couche :
« Quelle garce ! Ça m'apprendra à avoir voulu me conduire correctement. »
C'est vrai, on ne m'y a jamais repris.

J'AIME LE SON
DU COR, LE SOIR
AU FOND DES BOIS,
ET LE CHANT DES
GRILLONS, LE SOIR
DANS LE MÉTRO(IS)
PRONONCER MÉTROIS
POUR LA RIME.

*SYLVIE JOLY*

# Gérard de Cortanze

## Cyclone métropolitain

CE QU'ON VOIT DEPUIS LA FENÊTRE DES TRAINS, SI ON L'ENCADRE BIEN, ON PEUT LE METTRE AU LOUVRE.

*JEAN-MARIE GOURIO*

Cela faisait cinquante ans que Roberto de Saluzzo vivait à Paris, et cinquante ans qu'il prenait le métro. Avant Paris et son métro, il y avait eu Marseille, et tous ces Français qui n'aimaient guère les Italiens. Et avant l'exil marseillais, il y avait eu l'enfance au château de Saluzzo, dans la province de Piémont. Mais tout cela était si loin ! Aujourd'hui, à quatre-vingt-dix ans, le vieil Italien, ex-chauffeur de taxi, prenait une nouvelle fois le métro pour se rendre à l'hôtel Drouot.

Habitant au dernier étage d'un des immeubles haussmanniens de la place d'Italie, le bon sens eût exigé que Roberto de Saluzzo prît la ligne 7 jusqu'à Opéra, puis la ligne 8 – direction Créteil-Préfecture –, et se retrouve ainsi à la station Richelieu-Drouot, à quelques mètres de son cher hôtel des ventes. Mais Roberto de Saluzzo trouvait le bon sens vulgaire, comme tout ce qui touchait, de près ou de loin, à l'efficacité et au raisonnable. Aussi choisit-il la ligne 6 – direction Charles de Gaulle-Étoile –, voie royale du métro aérien, avec ses ponts métalliques, ses gros piliers et ses poutres transversales, puis la ligne 1 – direction château de Vincennes –, et enfin la ligne 8 qui le mena, en vingt-cinq stations, aux portes de la vente aux enchères publiques.

LE MÉTRO, C'EST UNE VILLE SOUTERRAINE, ALORS POURQUOI ON ÉLIT PAS UN MAIRE ?

*JEAN-MARIE GOURIO*

Durant le long trajet, il avait eu tout loisir de lire et de relire la liste des lots : étrange et hétéroclite. Du moins est-ce ainsi qu'il avait analysé cet ensemble de quarante pièces qui allait d'éléments de mobilier ancien à des tableaux de petits maîtres, en passant par des bijoux, de la vaisselle, des livres rares, des armes à feu et des épées, et, ce qui constituait certainement le clou de la vente : un livre de mémoires intitulé *Il the in Italia*, rédigé en 1882 par un certain Carlo Osvaldo Cesare Aventino.
Comme il s'y attendait, les prix de réserve furent à peine dépassés, et la vente fut un semi-échec. Rien que de très normal à tout cela, pensa Roberto. Les acheteurs présents dans la salle 15 n'ont que faire du poids sentimental qui pèse sur chaque objet, ni de la brume de souvenirs qui entoure chacun d'eux. C'est dans cette commode de bois d'acajou que la vieille Grazia rangeait ses sombres élixirs. Cette montre de gousset en forme d'oignon était un cadeau du roi Victor-Emmanuel. Ce pistolet d'arçon avait appartenu à un officier de l'armée autrichienne en poste à Milan. Ce sceau à manche d'ivoire, fabriqué à Gênes en 1743, avait accompagné Garibaldi sur le vapeur *City of Aberdeen. Et cætera, et cætera…* Chaque pièce avait ainsi son histoire que Roberto connaissait par cœur, et pour cause, puis-

– DANS LES CARS, ON N'A PAS LE DROIT DE PARLER AU CHAUFFEUR.
– MOI, ÇA NE ME GÊNE PAS, CELUI QUI NOUS DÉPOSE À LA GARE D'AGEN, IL MANGE DE L'AIL.

*JEAN-MARIE GOURIO*

LE BUS, ON VOIT DEHORS, ALORS QUE DANS LE MÉTRO, ON SE REGARDE DEDANS.

*JEAN-MARIE GOURIO*

qu'il était en train d'assister, profondément meurtri, à la dispersion de ce que les générations successives des marquis de Saluzzo avaient réussi à sauver de la débâcle familiale !

Alors qu'il ne restait plus qu'un lot, un petit portrait sur cuivre de sa grand-mère, Luisa de la Voûte, Roberto fit subitement monter les enchères, par jeu et par désespoir. Lui qui n'avait jamais rien voulu acheter dans ces ventes publiques, depuis plus de trente ans qu'il les fréquentait pour le seul plaisir d'observer les autres, de médire et d'exécrer davantage encore une humanité qui n'avait jamais trouvé grâce à ses yeux, il repartit avec, sous le bras, la peinture sur cuivre. Plus touché par cette épreuve qu'il ne l'aurait conjecturé, il décida de ne pas reprendre la ligne de métro aérien, mais la direction Balard, de descendre à Opéra et de rejoindre directement la place d'Italie par la ligne 7. Une première dans sa vie d'utilisateur du métro ! Mais ce jour, solde de tout compte de sa vie antérieure, méritait bien une telle exception. Tout avait été vendu. À bas prix, certes, mais tout était *parti*. Il ne lui restait plus maintenant, comme trace de sa famille, que ce petit portrait de Luisa, avec, en toile de fond, l'ancienne forêt domaniale et l'aile droite du château, celle avec la tour quadrangulaire. Maintenant sur le quai, il attendait le métro qui ne tarderait pas à venir. Alors qu'il déboutonnait le haut de son imperméable, il eut l'impression vague que quelque chose *manquait*. Pourtant tout semblait être à sa place : les clefs, le paquet de cigarettes, le briquet, le sachet de mouchoirs

AVEC LE TRAIN, ON ARRIVE À L'HEURE… DISONS CINQ HEURES, POUR DONNER UN EXEMPLE.

*JEAN-MARIE GOURIO*

en papier, le douk-douk, la clef à molette 200 mm... Cependant, la poche intérieure était vide. C'était donc cela... Son portefeuille avait disparu.
En s'engouffrant dans la bouche de métro, il s'était cogné contre un homme mais n'avait guère accordé d'importance à ce qui n'était pas encore un événement. Maintenant, il se souvenait. Il venait de prendre son portefeuille pour en sortir un carnet de tickets. Encore tout à l'émotion provoquée par la vente et au choc de l'homme le bousculant, il avait omis de remettre le portefeuille dans la poche intérieure de son imperméable. Il pleuvait. Les gens marchaient à vive allure. C'était cela. Il avait dû le laisser tomber sur les marches de l'escalier. La chance de le retrouver était donc mince. La rame arrivait. Roberto décida de rebrousser chemin. On ne sait jamais, pensa-t-il... Parvenu à quelques mètres de la sortie rue Drouot, et alors qu'il voyait les marches de la bouche de métro à travers les portes vitrées, il sentit comme une force mystérieuse qui l'empêchait de sortir. Il avait beau tenter de mettre un pied devant l'autre, il n'avançait pas. Un clochard, assis par terre, le regarda et, goguenard, lui lança :
« Ça arrive parfois. Moi, c'était il y a deux mois. Depuis... »
Roberto n'écouta pas la fin de la phrase, se détourna, haussa les épaules et dit, comme pour lui-même :
« J'ai perdu mon portefeuille... avec mes papiers... c'est quand même idiot, merde! »
Alors qu'il faisait un nouvel effort pour essayer d'avancer vers la sortie, il aperçut ce qu'il cherchait : son portefeuille, là, sur les

J'AI PRIS LE TGV EN SECONDE, 350 KILOMÈTRES HEURE ! ALORS EN PREMIÈRE, JE NE VOUS RACONTE PAS.

*JEAN-MARIE GOURIO*

LE MÉTRO, ON DIT QU'IL EST AÉRIEN, MAIS IL NE POND QUAND MÊME PAS DES ŒUFS.

*JEAN-MARIE GOURIO*

marches, en plein milieu, de l'autre côté de la barrière invisible… La pluie était tellement forte que personne n'y prêtait attention. « Sauvé », pensa-t-il.

« Sans papiers, mon vieux, tu n'es plus rien, dit le clochard, dans son dos. Ton nom n'est plus écrit nulle part. De toute façon, ici, tu n'en auras plus besoin. »

Après tout, se dit Roberto, la vie n'est qu'une suite d'événements incongrus, de bizarreries, puisque je ne peux pas sortir ici, je le ferai à la prochaine station, remonterai la rue du boulevard Montmartre jusqu'à Drouot et, avec un peu de chance, retrouverai mon portefeuille.

Roberto engagea un nouveau ticket dans la borne, qui l'aspira en silence.

« À tout à l'heure, lui dit le clochard.

– C'est ça, à tout à l'heure », répondit Roberto.

Le trajet fut rapide et sans faits particuliers, si ce n'est, peut-être, le regard moqueur de certains passagers qui semblaient dévisager Roberto comme une sorte de proie sur laquelle fondre au moindre faux pas. « C'est inouï ce que l'inquiétude peut créer comme sensation bizarre », pensa Roberto.

À la sortie de la station Rue-Montmartre, le phénomène se reproduisit. Les couloirs étaient vides, tout comme les marches qui descendaient vers la bouche de métro. Roberto ne pouvait se diriger vers la sortie. Il y avait bien un employé de la RATP assis derrière son guichet, mais Roberto ne se sentit pas le courage de lui parler. Que lui aurait-il dit, d'ailleurs ? Qu'il n'arrivait pas à sortir du métro ? Qu'une force obscure l'en empêchait ? Absurde. Il lui res-

tait un ticket. Il décida de revenir à la station Richelieu-Drouot. Roberto éprouva comme une fatigue soudaine qui le cloua sur place. Il s'assit sur un banc et finit par s'allonger pour s'assoupir. Il s'endormit. C'est la voix du clochard qui le réveilla.
« Je vous avais bien dit qu'on se retrouverait. »
Roberto fit un bond, et se précipita vers la sortie. Ses pas résonnaient dans la pénombre du couloir. Il buta contre la grille baissée de la station de métro. Comment avait-il pu se laisser enfermer ? Comment était-ce possible ? « Quel idiot je fais ! *Ma che hai, oggi ? Benedetta Vergine !* » se dit-il en italien, comme toutes les fois où l'émotion lui faisait retrouver les accents de sa langue maternelle. Quand il se retourna, le clochard était là, accompagné d'une vingtaine d'autres personnes plus ou moins jeunes ou âgées, élégantes ou vulgaires. L'une d'elles tenait un minuscule chien en laisse, et une autre tirait une valise sur roulettes – elle était arrivée de New York il y a six jours, avait pris le métro, et n'avait pu en ressortir. Très vite, Roberto eut le sentiment que ces gens ne nourrissaient à son encontre aucune hostilité mais bien une réelle mansuétude. Ils se trouvaient tous dans la même situation que lui, et de leur bonne entente dépendait leur survie. Le clochard était apparemment le meneur, et se faisait appeler le Métropolite :
« Je m'étais enfin décidé à quitter l'hôtellerie pour me lancer dans le commerce de la crevette grise et me rendais à ma banque :

QUAND ON PREND LE CAR, LES VIEILLES DAMES RACONTENT TOUJOURS LEUR VIE, VOUS AVEZ REMARQUÉ ? ÇA DOIT LEUR TAMISER LA MÉMOIRE, LES TROUS DE LA ROUTE.

*JEAN-MARIE GOURIO*

AU MOINS, DANS LE MÉTRO, IL NE PLEUT PAS !

*JEAN-MARIE GOURIO*

> LES TRANSPORTS PUBLICS, C'EST SURTOUT BIEN QUAND Y A PAS TROP DE PUBLIC.
>
> *JEAN-MARIE GOURIO*

je n'ai jamais pu ressortir du métro. Tout le monde ici a une histoire semblable, arrêtée, inachevée. »

Roberto regardait cette étrange cour des Miracles sans pouvoir articuler un mot.

« Excepté Helmut et Alicia, poursuivit le clochard, en montrant du doigt un couple qui s'embrassait à pleine bouche. Il vendait des paratonnerres à Gennevilliers, elle était stripteaseuse dans une boîte de La Havane. Un coup de foudre ! »

Roberto écouta, des heures durant, le récit de la vie de chacun, raconté par le clochard. L'aube venue, il comptait bien tenter une nouvelle sortie. Ce fut un nouvel échec. À mesure que les couloirs du métro se remplissaient de voyageurs ignorant tout de la situation, Roberto se sentait devenir invisible. Personne ne faisait plus attention à lui et ne lui viendrait plus en aide. Après quelques jours, il renonça à essayer de remonter à la surface. Au bout de plusieurs semaines, il finit par accepter cette vie singulière qui n'était peut-être pas plus terrible que celle du *dehors*. Fini, le voisin du dessous avec sa musique tonitruante ; finies, les nuits blanches à essayer de savoir s'il était passé ou non à côté de sa vie ; finie, la peur de la vieillesse. Le clochard avait une formule bien à lui, non elliptique et misogyne : « J'en profite ce n'est pas ici que ma bourgeoise viendra me faire chier ! »

Chaque jour, de nouveaux arrivants venaient grossir les rangs de cette population souterraine. Il fallut bientôt s'organiser. On échafauda des plans destinés à se procurer nourriture et vêtements. On construisit des abris et on plaça des guetteurs aux points stratégiques. Ce qui n'était au début que des « bruits de couloir » s'avéra une réalité tangible: le phénomène, dans un premier temps circonscrit à la station Richelieu-Drouot, s'était étendu à plusieurs autres stations... Le Métropolite décida qu'il fallait établir des contacts avec les autres habitants du métro, développer un système d'échanges tant économiques que spirituels. Un soir, il fit appeler Roberto.

« Mon cher Roberto, cela fait plusieurs semaines que je vous observe. J'aimerais que vous jouiez au sein de notre groupe un rôle prépondérant...

– Pourquoi pas, répondit Roberto, par désœuvrement.

– Nous mettons cependant une condition.

– Laquelle ?

– Suivez-moi. »

Descendant sur la voie où passaient à intervalles réguliers des rames infernales, les deux hommes s'engagèrent dans un dangereux périple le long de tunnels sombres et bruyants, et arrivèrent devant une porte en fer sur laquelle était inscrit à la craie le mot « Cyclone ». Le maître tourna la clef dans la serrure, puis chercha l'interrupteur à tâtons. Une lumière jaunâtre éclaira une collection d'objets disparates soigneusement rangés et étiquetés sur des étagères métalliques.

« Notre musée, appelé pompeusement *Cyclone*, dit le Métropolite...

– Votre musée ? répéta Roberto, en prenant dans une main une chaussure rouge à talon aiguille.

– Chaque membre de notre société doit faire don d'un objet qui lui tient particulièrement à cœur. Pour augmenter notre trésor de guerre, en quelque sorte.

AU PÔLE NORD, LA NUIT DURE SIX MOIS, VOUS N'AVEZ PAS INTÉRÊT À RATER LE DERNIER MÉTRO !

*JEAN-MARIE GOURIO*

ÇA DOIT ÊTRE BIEN D'ÊTRE L'HOMME INVISIBLE, SAUF PENDANT LE TRAVAIL, JE CONDUIS UN BUS.

*JEAN-MARIE GOURIO*

– C'est une obligation ?
– Un signe de confiance réciproque, l'assurance d'être protégé…
– Contre qui ? Contre quoi ?
– Contre les agressions… Certains, qui avaient refusé de déposer un objet fétiche, ont été retrouvés égorgés, ce qui est regrettable, convenez-en…
– Que penseriez-vous de ceci ? demanda Roberto, en sortant de la poche de son imperméable le portrait sur cuivre de Luisa de la Voûte.
– Une merveille, acquiesça le Métropolite. Assurément une de nos plus belles pièces. Je n'en attendais pas moins de vous », ajouta-t-il.
Alors qu'il refermait la porte du musée, le maître des lieux glissa dans la poche de l'imperméable de Roberto une enveloppe en papier kraft. Elle semblait contenir un objet mou, plat et léger.
« En gage d'amitié », ajouta le Métropolite, la bouche grimaçante.
Roberto attendit d'être seul pour ouvrir l'enveloppe. Il y trouva, recouverts d'une couche de moisissure blanche, son portefeuille et sa carte d'identité dont la photo avait été grossièrement découpée, laissant à la place du visage un trou aux bords arrachés.

– LA TERRE EST RONDE ! ALORS POURQUOI ENTRE PARIS ET MELUN, C'EST TOUT PLAT ?
– ALORS LÀ, MONSIEUR, VOUS DEVRIEZ DEMANDER AUX GENS DE LA SNCF..

*JEAN-MARIE GOURIO*

# Marie Desplechin

# La fête de l'Indépendance

L'ARISTOCRATIE ADORE LE MÉTRO, C'EST LE SEUL ENDROIT OÙ ELLE VOIT LE PEUPLE ALLER À CONTRESENS DE L'HISTOIRE, PAR EXEMPLE DE RÉPUBLIQUE À PALAIS-ROYAL.

*JEAN-MICHEL RIBES*

Quand il reçut sa nomination pour Paris, Stéphane Moulinot s'exerça à respirer profondément. Il estimait qu'une bonne respiration permet de prendre de la distance avec les épreuves. Qu'elle vous ramène à vous, et vous console. Qu'elle introduit à la méditation. Et à part méditer, Stéphane Moulinot ne voyait pas bien ce qu'il y ferait, à Paris, si ce n'est travailler, qui n'ouvre jamais qu'une parenthèse dans l'existence et laisse offerte au désordre et à la tristesse une quantité toujours renouvelée d'heures fragiles et tendres.

Envisageant sa vie loin des siens, de ses amis de classe, des rues où il avait grandi, Stéphane Moulinot s'était ainsi préparé à souffrir. Mais il n'avait pas prévu Paris si grand, ni lui-même si petit. Il fut douloureusement surpris par l'intensité de sa peine, et le caractère irrémédiable de sa solitude.

Sans l'espérer vraiment, il s'était imaginé qu'il trouverait des alliés, sinon des amis, parmi ses collègues de travail. Il avait rêvé, aussi, d'une fille. Une fille à son image, jeune, sensible et mal à l'aise, qui saurait le guider si elle était parisienne, qu'il pourrait rassurer si elle était, comme lui, déracinée. Il la voyait, selon les soirs, très jolie et les yeux pleins de larmes, ou dotée du charme pugnace des presque moches. Il comptait sur elle. Son absence fut un choc. Il n'était pas sitôt arrivé qu'il dut prendre le deuil.

HÔTESSE, PLATEAU-REPAS, VITESSE, LE TRAIN RESSEMBLE DE PLUS EN PLUS À L'AVION. D'ICI QU'ILS NOUS METTENT DU DÉCALAGE HORAIRE ENTRE PARIS ET MARSEILLE…

*JEAN-MICHEL RIBES*

Le bureau de Paris 14^e^ était un petit bureau, sis dans un quartier tranquille, où l'on se disait heureux d'être affecté quand on avait connu, comme d'autres, les champs de bataille de Paris 19^e^, Paris 20^e^, et je vous passe La Courneuve ou Bobigny. On le vit arriver avec stupeur : qu'avait-il fait, celui-là, pour mériter Paris 14^e^ ? Quel piston honteux ? On le soupçonna. On le bouda. Enfin, on l'interrogea. Et quand il fut bien clair que cette affectation ne devait rien qu'au hasard, on le laissa tranquille. Il ne se trouva que le receveur pour se pencher sur lui, un soir qu'il était resté au bureau plus tard que les autres, son grand corps indécis voûté sur un casier. « Qu'est-ce que tu fous encore là ? » avait grommelé le receveur qui était, lui, sur le départ.

« Rien », avait répondu Stéphane Moulinot, et il s'était redressé. il pleurait.

Le receveur considéra qu'il était inhabituel de pleurer, surtout à l'heure de la sortie, aux premiers jours du printemps, quand on

– JE DIS PAS TOUT LE TEMPS ! JE DIS JUSTE À L'HEURE DE L'APÉRO.
– QUOI ?
– QU'ILS POURRAIENT METTRE UN WAGON-BAR DANS LE MÉTRO.

*JEAN-MICHEL RIBES*

Le métro, c'est très dépaysant pour les citadins, surtout pour les citadins parce que les paysans, y en a très peu qui prennent le métro, vu qu'à la campagne, y en a pas, de métro.

*Sylvie Joly*

a vingt ans à peine et toute la vie devant soi. Il regarda sa montre et invita Stéphane Moulinot à prendre un café avec lui, au bar d'en face. Stéphane se dit que, là où il était né, un jeune homme qui pleure, on l'invite à dîner en famille. Mais il se souvint qu'il était à Paris, où les gens sont occupés, et il répondit oui, merci bien Maurice, avec plaisir, je me sens un peu seul ici, je n'ai pas encore l'habitude.

Maurice détacha sa montre de son poignet et la posa sur la table, il ne tenait pas à louper son train. Puis il conseilla au garçon de s'installer dans un foyer, où il ferait des connaissances.

« Mais j'ai déjà un studio près de la gare du Nord », objecta Stéphane.

Maurice haussa les épaules, régla les cafés, et conseilla à Stéphane de faire preuve de force d'âme et d'ouverture d'esprit.

« Des jeunes qui quittent leur pays pour débuter à Paris, il en faut, dit-il. Tous les vieux demandent leur mutation. Comment tu veux qu'elle fasse, l'administration ? C'est pareil pour tout le monde, les flics et les postiers, les instits et les gars des Impôts. Tu n'es pas si mal tombé. Et puis tu as un boulot, penses-y. »

Maurice passa le mot. Le lendemain, Stéphane fut invité à partager une table à la cantine. À prendre le café. On lui annonça des invitations à déjeuner le dimanche, en été, quand les jardins seraient en fleurs. Tu monteras dans le RER à Denfert, changement à Châtelet, trente-sept minutes porte à porte. Tu verras les enfants.

Va le voir, le Val, va le dire valablement ! Où n'irait-il pas ? De Valenciennes à Bougival. Qui va le prendre, ce valeureux Val ? Rudolph Valentino, Paul Valéry, ou quelques Walkyries, valides ou valétudinaires ! Tes passagers, quelle vallée, quelle valleuse, ou quel vallonnement va les enchanter ? Et la valorisation du trajet ? Va, laisse tomber !

*Sylvie Joly*

Il y eut assaut de promesses. Aucune n'avait moins de quarante ans. Stéphane Moulinot, qui était déprimé, fut désespéré.
Parce qu'il était jeune et qu'il ne savait pas s'y prendre, il résolut de se faire Parisien. Puisqu'il semblait déraisonnable d'espérer des connaissances humaines, il décida d'apprivoiser la ville. Il se fit une règle de revenir chez lui à pied, en variant les itinéraires. La distance n'était jamais si longue. Et il espérait qu'un peu d'exercice physique l'aiderait à dormir la nuit, ce qui vaut toujours mieux que de regarder la télé, collé à l'écran, écrasant le son jusqu'au minimum pour ne pas troubler ses voisins. Marchant, il s'effarait que, dans une ville aussi peuplée, sur des trottoirs où se pressaient tant de gens, il ne se trouve pas un visage ami. Pas un regard pour croiser le sien. Il en voyait, lui, des gens qu'il aurait pu connaître. Des jeunes gens et des jeunes filles, qui se pressaient, seuls ou en groupe, vers des endroits où ils étaient attendus. Il les regardait avec avidité, il les regardait avec des yeux d'affamé. Il les admirait, il les enviait. Il était du mauvais côté du monde.

Tchou tchou voici le beau TGV, en anglais le TI GI VI. Les voyageurs se pressent pour ne pas le louper. Paris-Lyon en deux heures, c'est plus rapide qu'à pied et ça use moins les souliers.

*Sylvie Joly*

Mais le vendredi soir, il prenait le métro. Il courait, son sac en bandoulière, sous la verrière de la gare du Nord. Il compostait, il sautait dans le train qui partait déjà. Il n'était pas aussitôt assis que le temps se mettait à gonfler comme une pâte qui lève. Il fermait les yeux, il somnolait, il oubliait. Le train lui mangeait une bonne partie de son salaire. Quelle importance ? Il était de retour chez les vivants. Pour deux jours.
« Va au cinéma, Stéphane », lui disait sa mère qui s'inquiétait.
« Fais du sport », lui disait Denis qui préparait, à la fac, le concours de l'IUFM.
« J'y pense », répondait Stéphane.

MOI J'AI VU UN LILLIPUTIEN PASSER SOUS LE TOURNIQUET EN FAISANT UN PIED DE NEZ À LA CONTRÔLEUSE DANS SA CAGE DE VERRE.
IL SE MARRAIT COMME UN FOU.
BELLE REVANCHE SUR LE SORT.

*SYLVIE JOLY*

Alors, le samedi, il prenait la voiture qu'il remplissait de vieux amis, et il allait au cinéma. À Lille. Et le dimanche, s'il ne s'était pas couché trop tard, il courait autour du parc, jusqu'à en devenir violet. Le soir arrivait. Stéphane reprenait le train, échouait gare du Nord, imaginait sa semaine, respirait un grand coup et plongeait en apnée.
« Alors, mon gars, Paris ? » lui demandait son grand-père qui y avait passé trois jours, en 1967.
Stéphane souriait avantageusement.
« Une belle ville, grand-père.
– Tu vois ! Je te l'avais bien dit », disait le vieil homme avec satisfaction.

L'heure étant passée à l'été, les journées se firent plus longues, les nuits interminables. Des brises chargées de pollen se mirent à courir les boulevards. Stéphane fut pris par l'allergie, il eut le nez rouge, il éternua. Il fut saisi de désirs indistincts et de rêves de changement. Il décida de rester à Paris un week-end sur deux. Il annonça la nouvelle à sa mère qui parut soulagée.

Les premières fois, Stéphane marcha beaucoup, oublia de se nourrir et versa dans la mélancolie. Il prit son studio en grippe. Il repoussait sans cesse le moment d'y revenir, le soir. Il aurait aimé dormir dehors, sur les quais, dans un parc. À force, il divaguait.

Un samedi d'errance, alors qu'il était tout engourdi par la tristesse, ses pas, d'eux-mêmes, le menèrent à la gare du Nord. Il hésita un instant à prendre un dernier train grande ligne et à débarquer chez lui par surprise. Mais il n'avait pas la force des surprises. Il renonça. Remontant le hall vers le faubourg Saint-Denis, il s'arrêta au guichet de la gare RER. Il prit un billet au hasard.

Y A PAS QUE MONSIEUR DUVAL QUI PREND LE VAL, MADAME DUVAL, LES PETITES DUVAL, LES FEMMES NÉES DUVAL. MAIS C'EST TOUJOURS À EUX QU'ON DEMANDE DES NOUVELLES DE VAL. « ÇA ROULE », ILS RÉPONDENT À BOUT D'ARGUMENT. « ÇA BOUME, ÇA BAIGNE. »

*SYLVIE JOLY*

« Saint-Denis », demanda-t-il, par amitié pour son ami Denis qui était probablement, à cette heure, assis dans une salle de cinéma de Lille.

C'est en patientant sur le quai 41 qu'il comprit que, de Paris qu'il avait si bien arpenté, longeant les rues ravissantes et les monuments, il n'avait vu que la surface. Rien ne ressemblait moins à la rue Daguerre que le quai 41. Parce que c'était le printemps et qu'il rêvait de voyages, Stéphane Moulinot se dit: «Je suis à New York», et il acheta un sachet de cacahuètes à un vendeur indien qui tenait échoppe sur un carton branlant. Stéphane Moulinot gagna le second étage du train et s'enfonça dans le tunnel noir. Il ne s'était pas passé plus de quelques minutes quand il revint au jour, mais le jeune homme comprit immédiatement qu'il venait de changer de monde. Peu de frontières sont aussi perceptibles que celles qui séparent Paris de sa banlieue. À l'architecture dense, aux hauteurs accordées, aux coloris unis, à la ville harmonieuse et frigide, avait succédé un désordre extravagant de friches, d'ensembles et de pavillons, d'habitats anarchiques, de chantiers mal finis et de ruines industrielles. Assis là-haut, les yeux à la vitre, Stéphane se sentait très heureux. Il était comme un homme qui vient d'ouvrir lui-même les portes de sa prison. Un instant, il regretta de n'avoir pas choisi un trajet plus long.

Ô VAILLANT PETIT AUTOBUS, TU TRANSPORTES DANS TON VENTRE PETITS ET GRANDS, GENTILS ET MÉCHANTS, HOMMES, FEMMES OU AUTRES, SANS OUBLIER LES ANIMAUX, POUR UNE SOMME DÉRISOIRE. BRAVO !

*SYLVIE JOLY*

À Saint-Denis, il se laissa porter par le flot des voyageurs jusqu'à la petite place plantée d'arbres et que baignait une généreuse odeur de friture. La nuit tombait, personne ne s'attardait sous les enseignes vivement colorées d'un restaurant qui promettait toutes les cuisines du monde, à emporter sur demande. On voyait bien s'affairer de petits groupes autour des voitures garées sur le parking, mais il s'agissait de commerces privés.

Stéphane traversa la place comme ses compagnons de voyage, du même pas pressé. C'est ainsi qu'il se retrouva à prendre le tram, en direction de Bobigny.
La nostalgie le saisit comme un bâillement. Elle lui étira le corps, elle le remplit de songes. Des trams, il en avait pris toute son enfance, pour aller jusqu'à Lille, et sur la côte belge où il passait ses vacances. Il ne se sentait plus si étranger, d'un coup. Traversant la ville noire, changeante et presque déserte, curieusement il se savait chez lui.
Levant le nez jusqu'au plan affiché au-dessus de la porte, il se choisit une destination, pas trop éloignée de sa gare, pas trop proche non plus. Cosmonautes. Il s'arrêterait à Cosmonautes, regrettant que l'arrêt ne s'appelle pas Spoutnik, ce qui lui aurait plu aussi, et peut-être davantage. À Cosmonautes, il ferait demi-tour. Il prendrait le tram en sens inverse. Ce qui n'était pas si triste car Stéphane Moulinot se promettait de revenir, à la basilique pourquoi pas, ou plus sûrement au marché que vantaient les affiches placardées aux arrêts (marché les mardi, vendredi et dimanche). Il mit un tel soin à observer la ville qui défilait par les fenêtres du tram qu'il ne pensa pas à s'intéresser à ses compagnons de voyage. Il ne vit pas la jeune femme aux cheveux très courts qui était assise en face de lui et qui le dévisageait, elle, sans gêne. Quand arriva Cosmonautes, il se leva et sortit du tram. Elle descendit derrière lui. Il ne s'aperçut de sa présence que lorsqu'ils furent côte à côte sous l'abri, le nez sur le plan du quartier.

VOYAGER !
C'EST LE RÊVE SECRET
DES BUFFETS DE GARE.
*JEAN-MARIE GOURIO*

Cosmonautes était un ensemble de barres d'habitation de différentes hauteurs, plantées en labyrinthe de part et d'autre de la route, et que voisinaient un stade désert et un supermarché au rideau de fer baissé. Il n'y avait, à Cosmonautes, ni café ni restaurant, rien que la nuit dans laquelle filaient quelques silhouettes chargées de sacs et d'enfants.

«Je cherche la rue Virgil-Grisson», dit la jeune femme.

Elle avait le visage plein, le teint clair, les yeux verts et ronds.

«Oui, fit Stéphane Moulinot. Vous avez un joli accent.»

Mis en confiance par l'obscurité, il se sentait l'âme brave et liante d'un explorateur.

PSCH, PSCH, PSCHIT,
VOILÀ LA SCHLITTE,
C'EST UN TRANSPORT
TRÈS PEU COMMUN
C'EST MÊME PAS UN
TRANSPORT EN
COMMUN
AVEC LEQUEL
L'HOMME DESCEND
NON PAS DU SINGE,
MAIS DU BOIS.

*SYLVIE JOLY*

«Je suis anglaise, consentit la jeune femme. Vous allez à la fête, n'est-ce pas?

– Je ne sais pas, répondit Stéphane Moulinot, pris de court.

– Oh, il ne faut pas renoncer maintenant, fit l'Anglaise, nous sommes presque arrivés.

– Je peux au moins vous accompagner, proposa Stéphane Moulinot. Ce sera plus prudent.»

C'est ainsi qu'ils traversèrent la route et s'engagèrent dans les allées que sillonnaient quelques mobylettes. Ils marchèrent un moment, la rue Virgil-Grisson était introuvable. Ils allaient s'avouer perdus lorsqu'ils avisèrent trois donzelles qui sortaient d'un porche d'immeuble sous lequel une dizaine de jeunes gens tenaient salon. Stéphane Moulinot se précipita. L'une d'elles offrit de les conduire, c'était à deux minutes, mais il fallait connaître, vous n'avez qu'à me suivre, pas la peine de remercier, c'est tout naturel, merci.

Enfin, ils furent au pied de l'immeuble, sur la porte duquel une affichette s'excusait par avance auprès du voisinage du bruit que l'on ferait, dans la nuit du 29 avril, jour anniversaire de l'Indépendance de la Sierra Leone.

« Je vais vous laisser, dit Stéphane Moulinot à l'Anglaise qui sonnait à l'interphone.

– Pourquoi ?

– Je ne suis pas invité.

– Eh bien, vous l'êtes, maintenant, fit-elle en lui prenant la main. Je dirai que vous êtes mon cousin. »

Il hésita. Elle le regarda avec une ombre de suspicion :

« Vous me promettez de bien vous tenir ? »

Il acquiesça, vexé.

« Je m'appelle Hélène, dit-elle en poussant la porte. Et mon ami s'appelle Sori. Il est sierra-léonais. Entrez, l'Indépendance, c'est la plus jolie fête de toute l'année. »

PASSY-CAMBRONNE, EN MÉTRO C'EST TRÈS BEAU. C'EST MÊME TRÈS AÉRIEN : VUE SUR LA SEINE, L'ALLÉE DES CYGNES, MAIS SURTOUT UN FEULEMENT, UNE MUSIQUE. QUELLE JOUISSANCE, DES PNEUS DANS TOUS LES SENS. DES RAILS EN BOIS, GENRE RAILS DE SCHLITTE, MAIS DEDANS, PLUS RIEN EN BOIS !

*SYLVIE JOLY*

Cette nuit-là, Stéphane Moulinot mangea du poulet au sel et au piment et dansa dans le salon des Bangura jusqu'à ce que les pieds lui brûlent. Il consola un bébé qui s'était réveillé et pleurait dans une chambre. Il nettoya le Coca qui s'était renversé sur le sol de la cuisine. Il sympathisa avec Sori qui avait les dents de la chance, un bob, une chemise imprimée léopard, et qui semblait bien plus jeune qu'Hélène. Il fuma une cigarette sur le balcon. Il se laissa

courtiser par une jeune femme noire, puis par une jeune femme blanche, puis par une autre jeune femme noire. Il fut cinq heures du matin et il n'avait embrassé personne. Une dernière fois, il s'accrocha à la farandole et, cette fois, il dansa au milieu du cercle sous les applaudissements.
Arriva le matin, sans prévenir. Il fallut se quitter. La plupart des convives remontèrent en voiture, ils partaient vers Melun, Villejuif, Le Bourget, Le Plessis-Trévise. Hélène et Sori avaient disparu. Stéphane Moulinot, que personne n'attendait chez lui, aida Catherine et Ousmane à ranger l'appartement. Il but un café, promit de revenir et repartit à pas lents par le stade vers l'arrêt du tram.

La ville s'éveillait quand il se coucha. Il sentait à peine sa fatigue. Les projets lui passaient par l'esprit, comme des papillons, agaçants et gracieux. Quand il s'endormit enfin, il avait appris deux choses qui devaient faire de lui un autochtone beaucoup plus vite qu'il ne l'aurait imaginé : qu'un 29 avril, en exil, vaut bien un 14 juillet, et que Paris, il faut le savoir, c'est beaucoup plus que Paris.

# Didier Daeninckx

## Le car de midi

– MOI, DANS LE TRAIN, JE LIS PARCE QUE J'ADORE LIRE.
– MOI, DANS LE TRAIN, JE LIS PARCE QU'IL N'Y A PAS LA TÉLÉ !

*JEAN-MARIE GOURIO*

Ce n'est pas sans appréhension que je laisse vagabonder mon esprit dans cette époque que je voudrais lointaine et enveloppée des lambeaux de brume que le temps dépose sur la mémoire, comme un ciel bas se déchire sur la lande. Chaque jour qui passe, au contraire, me la rend plus précise et les visages qui se dissimulaient dans l'ombre m'apparaissent maintenant dans toute leur netteté. Il ne me sert à rien de brouiller mon regard avec ma main, de serrer les paupières sur mes yeux, ils sont tous là, en moi, à m'observer, à m'attendre.

La première fois, c'est le hasard qui m'avait conduit dans cette ville dont j'ignorais jusqu'au nom. Une vaste tempête avait projeté sur l'autoroute des branches arrachées aux arbres, des bribes de publicités, des débris soulevés du bas-côté, et un éclat de fer était venu se ficher dans les alvéoles de mon radiateur. Je m'étais rangé en urgence près d'une borne d'appel dont la lumière orange intermittente se mêlait au bleu électrique des éclairs. Un garagiste engoncé dans du plastique jaune avait hissé ma voiture sur sa dépanneuse, l'avait remisée dans son hangar situé à quelques kilomètres de la voie rapide avant de me conduire jusqu'à l'unique hôtel de la ville proche où, me dit-il, je devrais m'installer trois ou quatre jours, le temps qu'il reçoive la pièce neuve et procède aux réparations. Une jeune femme repassait du linge dans la salle à manger, près du guichet sur lequel dormait un chat. Je pris ma clef après avoir rempli une fiche et commandai une bière que je bus très lentement, dans la lumière qui vacillait au rythme des rafales, m'attendant à voir surgir d'autres naufragés de la route. À minuit, je montai dans ma chambre et retrouvai des réflexes d'enfance en rêvant, aux frontières floues du sommeil, à des courses lointaines sur des bateaux de légende.

QUAND ON EST JEUNE ET QU'ON VOYAGE DEBOUT, C'EST COMME SI ON FAIT DU ROLLER, EN FAIT.

*JEAN-MARIE GOURIO*

Quand je me réveillai, tard dans la matinée, le déchaînement avait lavé le ciel et un soleil franc s'était glissé par les rideaux disjoints pour inonder la taie d'oreiller de chaleur et de clarté. Je déjeunai seul devant une télévision muette qui me renvoyait mon image assombrie et bombée. La visite de la ville ne réservait aucune surprise. Une église quelconque reconstruite après guerre, ouverte seulement pour l'office du dimanche et dont la clef pouvait être obtenue auprès du serrurier des Sept-Chemins qui était lui-même fermé « pour raisons familiales », une quinzaine de commerces serrés autour de la place du marché, une poste sans âge dont le béton, en médaillon, entrelaçait encore les lettres PTT, une mairie dont le rôle principal semblait être de donner l'heure aux passants.

UN TRAIN QUI ROULE À SIX CENTS À L'HEURE, SI ON LE RATE, JE NE VOIS PAS LE PROGRÈS.

*JEAN-MARIE GOURIO*

À midi j'entrai dans le café-tabac, et m'installai au zinc pour boire un café tout en essayant de surprendre les conversations des quelques consommateurs assis devant les tables de Formica. Je me lassai vite de leur maîtrise du lieu commun, de leur complaisance pour le bons sens, et me rabattis sur le journal local dont je constatai immédiatement qu'il était composé dans une langue identique. Aucun mot n'y était écrit plus haut que l'autre. C'est à la deuxième lecture de cet océan de signes inutiles que je remarquai la seule véritable information imprimée sur ces pages : le musée Atlan proposait, jusqu'au lendemain, une rétrospective des saintes faces d'un peintre russe, Alexej Jawlensky. En réglant mon café, je m'enquis du chemin à suivre pour me rendre à l'exposition. Le patron eut un maigre sourire pour me dire que le car qui desservait le château d'Atlan ne passait qu'une fois par jour, à midi, à l'entrée de la ville, et je l'avais loupé.

La journée prit un malin plaisir à étirer ses minutes en heures et seul un nouvel orage, après les vêpres, hâta la venue des ténèbres. Je me retrouvai seul, une fois encore, devant le téléviseur inanimé, à débarrasser mon assiette d'une cuisine sans saveur, puis je réchauffai mes draps humides, étendant peu à peu ma carcasse sous les draps, avant de sombrer dans le sommeil désagréable qui suit les journées sans fatigue.

– DANS LES GARES, Y A L'HEURE AU PLAFOND.
– C'EST POUR LES PIGEONS ?

*JEAN-MARIE GOURIO*

Le lendemain, je me dérobai au rituel pesant du déjeuner, et achetai un pain au chocolat que j'accompagnai d'un café au bar de la mairie. À onze heures, je me postai près de l'abri sommaire qui marquait l'arrêt des cars et attendis en lisant les graffitis sans originalité qui semblaient avoir été pen-

> MOI, JE POURRAIS
> ÊTRE UN TRAIN,
> JE DORS DANS LES
> GARES.
>
> *JEAN-MARIE GOURIO*

sés par les correspondants du journal local. J'avais bien fait de venir en avance car le bus, une antiquité bringuebalante, grimpa la côte et dépassa l'ancienne laiterie avec un bon quart d'heure d'avance. Le chauffeur refusa les pièces que je lui tendais et m'invita à prendre place. Le spectacle que je découvris, en tournant la tête vers l'arrière du véhicule, me stupéfia et je demeurai plusieurs secondes figé, les mains serrées autour des arceaux métalliques qui couraient tout au long de la travée centrale. Les places, à l'exception d'une seule, étaient occupées par des hommes uniformément habillés de noir, silencieux, le regard braqué dans ma direction. Je remontai l'allée alors que le car prenait de la vitesse et m'installai entre deux voyageurs qui ne répondirent, ni l'un ni l'autre, à mes paroles de politesse.

La route serpentait dans la vallée, attaquait des collines qu'elle délaissait bientôt, et il nous fallut une heure pour atteindre un autre village dont je ne parvins pas à lire le nom, sur un panneau dévié.

Le car s'arrêta près d'un cimetière et tous les hommes en noir descendirent. Je voulus rester à ma place mais le chauffeur me força, du geste, à les suivre et sembla ne pas comprendre quand je le questionnai à propos d'une exposition, d'un musée. J'assistai, en retrait, à des prières recueillies et m'approchai de la tombe qu'ils venaient d'honorer lorsque, enfin, ils refluèrent vers la grille du cimetière. Le temps avait effacé les noms, les dates. Le car reprit sa course, en sens inverse, et l'orage grondait quand il fit une halte près de l'abri aux graffitis. Un message m'attendait à l'hôtel, plié dans la case au-dessus de la clef. Mon véhicule était prêt, la pièce de rechange étant arrivée plus rapidement que prévu. J'échappai avec soulagement à une troisième nuit dans cet hôtel sans nom d'une ville anonyme et reprit la route en laissant mourir l'orage dans le rétroviseur.

Je n'avais pas oublié cet épisode quand, des années plus tard, le hasard me fit retrouver ces paysages, mais le quotidien l'avait enseveli et je m'en souvenais furtivement comme on pense à un film dont on a peine à retenir le visage des acteurs, ou à un livre à la couverture arrachée. Je n'étais même plus sûr de l'avoir vécu, et je m'étais arrêté sur le bas-côté pour raconter ma halte forcée dans cette ville à la jeune femme qui partageait alors ma vie. Mon discours l'amusait, et elle pensait que j'inventais cette histoire pour agrémenter notre voyage de mystère. Plus je tentais de l'en dissuader et plus elle applaudissait mes efforts de séduction, ma sincérité feinte. Je repris la route en récitant le contenu des graffitis de la halte des autocars, puis les lui montrai en gage de bonne foi. C'est tout juste si elle ne m'accusait pas d'être venu les écrire la semaine précédente. Même l'orage qui éclata, juste après les vêpres, comme dans mon récit, ne troubla pas sa bonne humeur. À l'hôtel, la jeune femme avait vieilli mais elle repassait encore devant l'écran mort, et un bambin, à ses pieds, agaçait un chat semblable à celui que j'avais connu. Je pris soin de demander la chambre de mon premier séjour à notre hôtesse qui, malgré mon insistance, refusa de me reconnaître. La nuit fut joyeuse dans les draps lourds et rêches de campagne, et ce furent les cloches de dix heures qui nous tirèrent de nos rêves enlacés. J'entraînai ma compagne dans le bar-tabac de la mairie après avoir acheté des viennoiseries que nous avalâmes

---

ET POURQUOI, DANS LE MÉTRO, Y A PAS DE WAGON-BAR ?

*JEAN-MARIE GOURIO*

---

> AVEC LE TRAIN, AU MOINS, ON N'ÉCRASE PAS LES HÉRISSONS SUR LA ROUTE.
>
> *JEAN-MARIE GOURIO*

en buvant un café, au zinc. Elle éclata de rire quand, au comble de l'inquiétude, je lui montrai, en encadré dans le journal local, l'annonce de l'exposition d'Alexej Jawlensky au château d'Atlan. Averti par l'expérience qu'il passait en avance, je me postai près de la station du car à la demie de onze heures. L'antique carrosserie avait laissé la place à un carénage aérodynamique qui s'immobilisa pour prendre à son bord l'homme seul qui, pour patienter, lisait les graffitis de la halte. Je l'observai qui remontait l'allée centrale en saluant les habitués, collégiens et lycéens, paysans se rendant au marché, ouvriers de la sablière, néo-ruraux serrant entre leurs jambes des valises pleines de bracelets, de colifichets. Quand il fut assis, à l'arrière, j'embrayai et me plaçai dans le sillage du car. Je traversai des vallées, des villages, escaladant des collines, observant les voyageurs qui montaient dans le bus ou qui en descendaient. Nous n'avions toujours pas longé de cimetière quand se profila, à droite de la route, la silhouette crénelée du château d'Atlan. L'autocar vint se ranger sur la place, devant le panneau annonçant le terminus de la ligne et tous les passagers se dispersèrent dans les rues environnantes. Je compris, dans le regard de mon amie, qu'à son goût la plaisanterie avait assez duré. Je l'entraînai vers l'enceinte fortifiée et achetai deux billets tandis qu'elle lisait les critiques consacrées à l'exposition affichées sur un panneau. Je pénétrai le premier dans la vaste salle dont les murs étaient parsemés de cinquante têtes mystiques et visages de saints. Le rythme obsessionnel des cadres, dans la pénombre, me fit vaciller et je fus pris de terreur en découvrant ces masques peints, cette longue suite de méditations, ces rectangles de toile envahis de faces

– QUAND J'ÉTAIS GAMIN, JE ME METTAIS AU FOND DU CAR POUR FAIRE DES GRIMACES AUX VOITURES QUI NOUS SUIVAIENT, MAINTENANT LES GOSSES ME FONT DES GRIMACES QUAND JE ROULE DERRIÈRE LE CAR.
– C'EST COMME ÇA QU'ON VOIT QU'ON VIEILLIT, QUAND ON FAIT PLUS DES GRIMACES AU FOND DES CARS.

*JEAN-MARIE GOURIO*

aux yeux clos. Je tombai à genoux et elle se précipita vers moi pour m'aider à me relever, me suppliant de lui dire ce qui m'arrivait. Nous sommes sortis pour nous installer à une terrasse où un alcool a pris le dessus sur mes tremblements. J'ai fini par lui mentir, pour la première fois, en lui avouant une sensibilité extrême à l'expression artistique. Je lui ai parlé de Jawlensky, de cette paralysie qui l'obligeait à peindre à deux mains, de l'assombrissement de son univers, de la prison qu'était devenu son pays, à partir de 1933.
« Il montre l'humain, dans une époque qui s'est acharnée à le détruire. »
J'ai senti qu'elle était rassurée. Je n'ai jamais trouvé le courage, depuis ce jour, de lui dire que ces tableaux représentaient les visages des cinquante hommes en noir qui se rendaient en car, un matin, sur une tombe aux gravures effacées par le temps.

# Individu sur les voies

## Dominique Noguez

> LES VACHES AIMENT BIEN REGARDER PASSER LES TRAINS PARCE QUE LES VACHES N'ONT PAS LA TÉLÉ.
>
> *JEAN-MARIE GOURIO*

Il attend. Il l'attend depuis plus d'un quart d'heure. Quand elle apparaît enfin à exactement seize heures dix-sept à la terrasse de *L'Univers*, boulevard Raspail, c'est le même bonheur que d'habitude, plus aigu encore s'il se peut : du mouvement (comme sur les photos où quelqu'un bouge, pas même une forme : des stries dans l'espace, des entailles de lumière), son petit nez, ses boucles noires, ses lèvres groseille, ce petit geste de la main (« c'est moi ! » « pardon ! » « je t'aime ! » suggérés tout ensemble), cette transparence dans l'eau claire de ses yeux, mais quelque chose en plus, quoi ? de la fatigue ? de l'impatience ? Du négatif. À la main le petit sac bleu de chez Christian Lacroix qu'il lui a offert avant-hier.

L'événement ne dure pas deux minutes.

Le petit geste, cette fois, ne voulait pas dire « je t'aime », mais « attends un peu mon gaillard ! » Directement, sans l'embrasser, sans s'asseoir, elle lui demande, en détachant les syllabes, pourquoi il ne lui a pas dit que Guillaume avait appelé. Il bredouille trois mots, puis la tire à lui pour la faire asseoir. « Parce que ce n'était pas important», dit-il en approchant sa bouche de la sienne. Elle l'évite, répond d'un ton sec que c'est à elle de décider si les messages pour elle sont importants ou pas. Il se durcit à son tour. « Il appelle un peu trop, non ? » Elle le regarde d'un air qu'il ne lui a jamais vu. « Tu es jaloux. » Il répond que oui, évidemment, c'est normal, c'est la preuve qu'il l'aime. Le garçon vient prendre la commande de l'arrivante. « Rien, merci. » Il essaie de changer de conversation. Est-ce qu'elle a pensé à faire vérifier la voiture pour partir dans l'île de Ré vendredi soir ? Le Delco Et les pneus. Elle ne répond pas. « Tant pis, dit-il, on prendra le train. » Cette vieille histoire entre eux : il n'aime pas les bagnoles. « Non, dit-elle, on prendra l'auto, j'ai proposé à Guillaume de descendre avec nous. » Guillaume, dont les parents ont une villa aux Portes en Ré. Il se sent blêmir, avale une gorgée de sa citronnade tiède. « Quoi ? » Elle répète : « Puisqu'il doit y aller pour le week-end, je lui ai dit qu'il pouvait profiter de la voiture. Au moins il pourra me relayer. Il a son permis, lui. » Un blanc, puis il s'entend dire, d'une voix trop dégagée pour l'être vraiment : « Alors ce sera sans moi. » Elle le regarde dans les yeux et dit… Elle n'a pas le temps. Il la fixe à son tour, sans sourire, et, d'une traite : « Je n'irai pas à l'île de Ré avec ce type. » Elle ramasse son sac, se lève et elle est déjà à un mètre quand il

DANS LES TRANSPORTS PUBLICS, AU MOINS, ON PEUT REGARDER LE PUBLIC, PARCE QU'À L'OPÉRA, C'EST PAS ÇA QU'ON REGARDE.

*JEAN-MARIE GOURIO*

– MOI, CE QUE JE NE SUPPORTE PAS DANS LE MÉTRO, C'EST LES CHANTEURS !
– VOUS SAVEZ, C'EST COMME LES GRILLONS, DÈS QU'ILS TROUVENT UN TROU DANS LA TERRE, ILS SE METTENT À CHANTER.

*JEAN-MARIE GOURIO*

LE MÉTRO, ON DESCEND SOUS TERRE, ALORS QUE LE TRAIN, ON PART À LA MER, C'EST UNE GROSSE DIFFÉRENCE, VOUS NE CROYEZ PAS ?

*JEAN-MARIE GOURIO*

entend : « Eh bien ce sera sans toi. Adieu ! » Il ne bouge pas. Comme un qui reçoit une maison sur la tête et pense que cela devait arriver, un peu plus tôt un peu plus tard, que c'est très bien, au fond, et il reste là, totalement prostré. Pensées qui lui traversent l'esprit (à la vitesse de la lumière) : « Pas trop tôt. Elle m'en aura fait baver. Sa façon de me mettre constamment en concurrence. Elle ne m'a jamais vraiment aimé. C'est une malade. Une atrophiée du cœur. Elle n'aime personne. Qu'elle parte avec son Guillaume, ou avec Pierre, Paul, Jacques. Je lui souhaite bien du plaisir. Elle me regrettera. Elle reviendra : trop tard, ce sera non. Enfin libre ! L'avenir, devant moi, pareil à l'air qui palpite au loin, l'été, dans les montagnes. Tout de même, la salope. La mesquine, la rapiate, la frigide, l'égoïste, la perverse, la sadique, pas si intelligente que cela en plus, on ne peut pas être à la fois intelligent et méchant. Qu'elle crève ! »

Quand il voit sa voiture repasser en trombe devant le café, et elle le visage tendu en avant front buté tache claire flèche de colère, c'est une grande épingle brûlante qui lui entre d'un coup dans le cœur. Les pensées refluent en lui à la même terrible vitesse, se retournent contre elles-mêmes, surprenant magnétisme d'éclairs, particules qui allaient dans un sens et qu'un puissant aimant détourne soudain dans l'autre sens, c'est une explosion de feu dans toute sa poitrine,

QUAND LE TGV ROULE À TROIS CENTS ET QUE TU VAS AUX TOILETTES EN MARCHANT À QUATRE À L'HEURE, C'EST COMME SI TU FONCES AUX CABINETS À 304 KILOMÈTRES HEURE ! C'EST ÉNORME.

*JEAN-MARIE GOURIO*

une nouvelle lumière en lui : il sait ce qu'il devrait faire maintenant, ce qui serait extraordinaire, ce qu'il doit faire, ce qu'il va faire, ce qu'il est déjà en train de faire en dégringolant quatre à quatre les marches du métro.
Il descendra à Abbesses. De Notre-Dame-des-Champs, c'est direct. Il n'a pas le temps de compter les stations sur le plan, une rame arrive déjà. Pas trop de monde. Il s'assoit sur un strapontin, détaille le parcours sur le schéma : Rennes, Sèvres-Bab', Bac, Solférino, Assemblée Nationale… Un petit con a tagué, on ne voit pas les noms suivants. Au moins douze stations. Il essaie de chronométrer. Une minute quinze, en gros, d'une station à l'autre. Un bon quart d'heure en tout. C'est jouable. À cette heure-là, elle va se payer tous les embouteillages. Il essaie de penser à autre chose. Il lit les publicités. Toujours la même chose, web par-ci, web par-là, mincir en dix jours, moquette à la coupe, apprenez l'anglais. Sauf, là-bas, un poème ! huit vers de Clément Marot qui l'enthousiasment, qu'il relit deux fois, qu'il essaie d'apprendre. Tout à fait pour lui, avec sa quarantaine qui approche, douze ans de plus qu'elle :

Plus ne suis ce que j'ai été
Et ne le saurais jamais être ;
Mon beau printemps et mon été
Ont fait le saut par la fenêtre.

Amour, tu as été mon maître :
Je t'ai servi sur tous les dieux.
Ah ! si je pouvais deux fois naître,
Comme je te servirais mieux !

DANS LE MÉTRO, CE QUE JE LIS LE PLUS, C'EST LES PUBS, D'AILLEURS ILS N'ONT QU'À FAIRE ÉCRIRE LES PUBS PAR PROUST SI ILS VEULENT QU'ON LISE LES GRANDS AUTEURS.

*JEAN-MARIE GOURIO*

> LE TRANSPORT EN COMMUN QUI TRANSPORTE LE PLUS DE MONDE, C'EST LA TERRE.
>
> *JEAN-MARIE GOURIO*

Elle. Qui vaut bien cette volte-face, ce pardon fou, qui vaut tous les pardons, tous les sacrifices.

Et tout d'un coup, à Notre-Dame-de-Lorette, l'incroyable tuile. Les portes qui mettent un temps inhabituel à se refermer… qui ne se referment pas. Cette voix féminine qui sort des haut-parleurs de la station : « Votre attention, s'il vous plaît. Mesdames et messieurs, le trafic est interrompu sur la ligne 12 entre Concorde et Pigalle, suite à individu sur les voies. Merci de votre compréhension. »

« Quel style ! pense-t-il une seconde. "Compréhension", ça, non ! Con d'individu ! Qu'est-ce que ça se croit pour emmerder des milliers de citoyens pressés ? » Il imagine des escouades d'agents de la RATP lâchés sur les voies lampe à la main pour traquer le trublion. Une minute, une minute trente, deux minutes. Ça va prendre des heures, ils ne l'auront jamais. Il sort de la rame, court vers la sortie. Trouver un taxi. Il débouche place Kossuth. Embouteillage énorme. Pas de taxi, évidemment. Jamais de taxis à Paris quand on en a besoin. À pied, alors. Il s'élance vers le bas de la rue des Martyrs. Ça va faire une trotte – et ça monte ! Et là, tout à coup, il aperçoit, arrêté au feu rouge de la rue Lamartine, un 67. Ce n'est pas l'arrêt, il le sait bien. Il court jusqu'à la hauteur de la cabine, frappe à la porte vitrée trois petits coups qu'il essaie de ne pas faire trop impératifs, même un peu suppliants.

Le conducteur – c'est une conductrice – tourne lentement la tête, le regarde. Presque au même moment il entend le

> L'AVANTAGE DU TRAIN, SURTOUT, C'EST QU'ON NE CONDUIT PAS !
>
> *JEAN-MARIE GOURIO*

« pchhhhhh » qui débloque la porte. Quelle chance. Il remercie avec un grand sourire, un sourire de miraculé. L'autobus redémarre déjà, monte la rue de toute sa puissance, presque en rugissant. Il se place près de la porte arrière. Station Navarin : il ne bouge pas. Rochechouart-Martyrs : il descend – il saute. Il regarde sa montre : ça va. Il est à trois-quatre minutes maintenant du 73, rue des Martyrs. Le temps de traverser le boulevard de Clichy. Il a même le temps de…

« Combien ?

– Soixante-dix. »

… Un grand bouquet de mimosa, ses fleurs préférées, les fleurs de Fleur, il l'appelle Fleur quand il n'en peut plus de l'aimer. Et il n'en peut plus, cela se voit dans ses yeux. Elle le voit dans ses yeux. Elle, là, soudain, devant lui, sur le palier encombré de plantes vertes, surprise, vraiment surprise, la clef déjà sortie du sac pour ouvrir la porte, elle ne l'ouvre pas, elle reste dix secondes, dix mille secondes, arrêtée devant lui, elle a enfin une forme fixe, mais non, elle perd soudain cette forme même, elle est une eau près de lui, une eau dans ses bras, ils sont deux fleuves qui cessent de bouillonner et s'épandent l'un dans l'autre, une seule rivière qui coule doucement.

– MÉTRO BOURSE
VOUS AVEZ LA
BOURSE, MÉTRO
LUXEMBOURG
VOUS AVEZ
LE LUXEMBOURG,
C'EST SIMPLE
COMME SYSTÈME.
– ET LE MÉTRO
STALINGRAD ?

*JEAN-MARIE GOURIO*

# Repères bio-bibliographiques

• Gérard de Cortanze : romancier et essayiste, est l'auteur d'une quarantaine de livres traduits dans le monde entier, parmi lesquels *Giuliana* (Actes Sud/Babel, 1998), *Les Vice-rois* (Actes Sud, 1998), prix du Roman historique de la ville de Blois, prix Baie des Anges, *Les enfants s'ennuient le dimanche* (Actes Sud/Babel, 1999). Son dernier roman, *Cyclone,* vient de paraître aux Éditions Actes Sud. Gérard de Cortanze collabore régulièrement au *Figaro Littéraire* et au *Magazine Littéraire.*

• Didier Daeninckx (littérature policière) : auteur de plus de vingt-cinq romans, dont *Meurtres pour mémoire* (Gallimard, 1984), *La Der des Ders* (Gallimard, 1985), *La mort n'oublie personne* (Denoël, 1989), *Mort au premier tour* (Denoël, 1997).

• Marie Desplechin : auteur de nombreux ouvrages de littérature enfantine, elle a publié un recueil de nouvelles, *Trop sensibles* (Éditions de l'Olivier, 1995) et un roman, *Sans moi* (Éditions de l'Olivier, 1998) qui a été vendu à plus de 100 000 exemplaires.

• Irène Frain est romancière. On la connaît notamment pour *Le Nabab* (Jean-Claude Lattès, 1982, prix des Maisons de la presse), *Secret de famille* (Jean-Claude Lattès, 1989, prix RTL), *Devi* (Fayard/Jean-Claude Lattès, 1992), *L'Homme fatal* (Fayard, 1995), et pour une biographie de Cléopâtre, *L'Inimitable* (Fayard, 1998). Elle vient de publier *La Maison de la source* (Fayard, 2000).

• Jean-Marie Gourio : s'est illustré dans tous les domaines de l'humour iconoclaste. Ancien rédacteur en chef de *Charlie-Hebdo,* rédacteur pour les « Guignols de l'info », et surtout auteur du best-seller en huit volumes *Brèves de comptoir* – adaptées au théâtre par Jean-Michel Ribes – et de *Chiens de comptoir* (Julliard, 2000). Il a prouvé aussi qu'il était un écrivain puissant, lyrique et érudit, en publiant *Les Coccinelles de l'Etna* (l'Arpenteur, 1993), *Chut!* (Julliard, 1998), *L'Eau des fleurs* (Julliard, 1999).

• Sylvie Joly*: après cinq ans d'exercice de la profession d'avocat à la Cour, Sylvie Joly assume sa vraie vocation de comédienne. Au théâtre, elle interprète des auteurs classiques: Ionesco, Tchekhov et Marivaux sous la direction de Tania Balachova et George Wilson et se fait largement connaître par ses one-woman-show : *La si jolie vie de Sylvie Joly* et *La Cigale et la Joly.* Elle met en scène Pierre Palmade dans son premier spectacle au Point Virgule. Les textes de ses sketches sont disponibles au Livre de Poche. www.sylviejoly.com

* *Avec l'aimable participation de Claire Lombard pour l'écriture de certaines brèves de Sylvie Joly.*

• Dominique Noguez : normalien, prix Femina et prix Roger Nimier, Dominique Noguez a notamment écrit *Amour noir* (Gallimard, 1997, prix Femina), *Cadeaux de Noël* (Zulma, 1998), *Immoralités* suivi de *Un dictionnaire de l'amour* (Gallimard, 1999), *Les Plaisirs de la vie* (Payot, 2000), *Le Grantécrivain* (Gallimard, 2000).

• Jean-Michel Ribes : auteur de dix-huit ouvrages, dont *Merci Bernard* (Balland, 1984), *Les Brèves de comptoir théâtre* (Michel Lafon, 1994), *Palace* (Actes Sud/Babel, 1989), et *Monologues, bilogues, trilogues* (Actes Sud/Babel, 2000) ; il s'illustre également en tant qu'adaptateur, metteur en scène et réalisateur.

• Olivier Rolin : auteur d'une dizaine de romans dont *L'Invention du monde* (Seuil, 1993), *Port-Soudan,* prix Femina 1994 (Seuil), *Méroé* (Seuil, 1998), *Paysages originels* (Seuil, 1999), et *La Langue* (Verdier, 2000).

• Jean-Marie Rouart, de l'Académie française. Écrivain, journaliste, directeur du *Figaro Littéraire,* son œuvre se compose d'une quinzaine de volumes. Avant tout romancier, auteur d'*Avant-guerre,* prix Renaudot 1983 (Grasset), il est aussi essayiste, avec *Ils ont choisi la nuit,* prix de l'Essai de l'Académie française 1985 (Grasset), et auteur de biographies historiques, avec *Morny, Un voluptueux au pouvoir* (Gallimard, 1995), ou *Bernis, Le Cardinal des plaisirs* (Gallimard, 1998), *Une jeunesse à l'ombre de la lumière* (Gallimard, 2000).

*Mille et une nuits* propose des chefs-d'œuvre pour le temps d'une attente, d'un voyage, d'une insomnie…

***La Petite Collection (extrait du catalogue)***. 279. Johann Wolfgang GOETHE, *Élégies romaines*. 280. *Le Livre de Job*. 281. François VILLON, *Le Testament*. 282. SÉNÈQUE, *La Vie heureuse*. 283. ARISTOTE, *Invitation à la philosophie*. 284. Hubert HADDAD, *L'Âme de Buridan*. 285. Edgar Allan POE, *Les Lunettes*. 286. Choderlos de LACLOS, *Des femmes et de leur éducation*. 287. Pierre LOTI, *Suleïma*. 288. Friedrich NIETZSCHE, *Deuxième Considération intempestive*. 289. Khalil GIBRAN, *Le Précurseur*. 290. Michel de MONTAIGNE, *Des Cannibales*. 291. Arthur RIMBAUD, *Album zutique*. 292. Maître ECKHART, *L'amour nous fait devenir ce que nous aimons*. 293. Edmond ABOUT, *Le Nez d'un notaire*. 294. Edith WHARTON, *Xingu*. 295. Jean-Yves CENDREY, *Parties fines*. 296. Peter SLOTERDIJK, *Domestication de l'être*. 297. Khalil GIBRAN, *Le Livre des Processions*. 298. Thomas DE QUINCEY, *Le Mangeur d'opium*. 299. Joris-Karl HUYSMANS, *À vau-l'eau*. 300. Guy DEBORD, *Rapport sur la construction des situations*. 301. Guy de MAUPASSANT, *Boule de suif*. 302. Louis HENNIQUE et Henry CÉARD, *Deux nouvelles naturalistes*. 303. Guy de MAUPASSANT, *La Nuit et autres nouvelles fantastiques*. 304. MARIVAUX, *L'Île des Esclaves*. 305. SOPHOCLE, *Œdipe roi*. 306. PLATON, *Criton, ou Du devoir*. 307. GUILLERAGUES, *Lettres de la religieuse portugaise*. 308. René DESCARTES, *Discours de la méthode*. 309. Alfred JARRY, *Ubu roi*. 310. Gustave FLAUBERT, *Hérodias*. 311. Prosper MÉRIMÉE, *La Vénus d'Ille*. 312. George SAND, *La Marquise*. 313. Pierre ABÉLARD, *Histoire de mes malheurs*. 314. Jean CASSOU, *La mémoire courte*. 315. Khalil GIBRAN, *Le Sable et l'Écume*. 316. Octave MIRBEAU, *Le Mur*. 317. Jules VERNE, *L'Éternel Adam*. 318. Jules RENARD, *Crime de village*. 319. Bram STOKER, *La Coupe de cristal*. 320. Edgar Allan POE, *Le Mystère de Marie Roget*. 321. Fredric BROWN, *Cauchemard nocturne*. 322. Horace MCCOY, *Le Nettoyeur*. 323. Robert BLOCH, *Les Hurleurs*. 324. William IRISH, *Silhouette*. 325. COLLECTIF, *Attention au départ!*. 326. Walt WHITMAN, *Le Poète américain*. 327. Emmanuel KANT, *Projet de paix perpétuelle*.

Pour chaque titre, le texte intégral, une postface, la vie de l'auteur et une bibliographie.

49.4659.01.6
N° d'édition 12000
Achevé d'imprimer en février 2001,
sur papier Ensoclassique par G. Canale & C. SpA (Turin, Italie).